¿PORQUÉ EL FIDEICOMISO COMUNITARIO DE TIERRAS?

Una monografía de En terreno común

¿PORQUÉ EL FIDEICOMISO COMUNITARIO DE TIERRAS?

La filosofía que subyace una forma no convencional de titularidad del terreno

John Emmeus Davis
Line Algoed
María E. Hernández Torrales

EDITORES

Traducido del inglés por Zinnia M. Cintrón Marrero

TERRA NOSTRA PRESS
Madison, Wisconsin, USA

TERRA NOSTRA PRESS

Center for Community Land Trust Innovation
3146 Buena Vista Street
Madison, Wisconsin, USA 53704

Ilustración de la portada: Bonnie Acker
Diseño de la portada: Sara DeHaan

Publisher's Cataloging-in-Publication Data

Names: Davis, John Emmeus, editor. | Algoed, Line, editor. | Hernández-Torrales, María E., editor.
Title: ¿Porqué el fideicomiso comunitario de tierras? La filosofía que subyace una forma
no convencional de titularidad del terreno /
John Emmeus Davis ; Line Algoed ; María E. Hernández-Torrales, editors ;
Zinnia M. Cintrón Marrero, translator
Series: Common Ground Monographs
Description: Includes bibliographical references. | Madison, WI: Terra Nostra Press, 2021.
Identifiers: Library of Congress Control Number: 2021906848 |
ISBN 978-1-7362759-6-2 (paperback) | ISBN: 978-1-7362759-7-9 (ebook)
Subjects: LCSH Land trusts. | Land tenure. | Land use. | Land use, Urban. | Nature conservation. |
Landscape protection. | Sustainable development. | Sustainable development—Developing countries. |
Economic development—Environmental aspects. | City planning—Environmental aspects. |
Community development. | Urban ecology (Sociology) | BISAC POLITICAL SCIENCE /
Public Policy / City Planning & Urban Development | LAW / Housing & Urban Development |
BUSINESS & ECONOMICS / Development / Sustainable Development |
SOCIAL SCIENCE / Sociology / Urban
Classification: LCC KF736.L318 O6 2021 | DDC 333.2—dc23

CONTENIDO

FIGURAS

Prefacio

Jerry Maldonado
FUNDACIÓN FORD

Como fundación de justicia social con el compromiso de avanzar la dignidad humana, la Fundación Ford ha priorizado la reducción de la desigualdad como objetivo principal y unificador en las diversas áreas de su programa. Si bien la mayoría de los debates sobre la desigualdad se centran estrictamente en cómo la disparidad de los ingresos y la riqueza ha aumentado drásticamente en las últimas décadas, por lo general, se presta menos atención a las maneras en que la desigualdad, a menudo, está arraigada al entorno construido.

En diferentes ciudades y regiones del mundo, sucede con frecuencia que las decisiones sobre la vivienda, el uso de la tierra o la infraestructura aceleran, refuerzan o sostienen la desigualdad física, económica y social que divide a las comunidades. Las políticas discriminatorias sobre el uso de la tierra, la vivienda y el desarrollo urbano han perpetuado la segregación racial y económica. La enorme brecha en la riqueza que existe en Estados Unidos se cimentó sobre prácticas discriminatorias de vivienda y uso de la tierra, que excluían sistemáticamente a los afroamericanos, latinos y otras comunidades de color de obtener bienes mediante la propiedad de la tierra y la vivienda. La restauración urbana, las tácticas de exclusión y la construcción del sistema federal de carreteras del país despojó de sus bienes a las comunidades de color y de bajos ingresos, y sentaron las bases para el tan segregado panorama físico y social de hoy día.

El racismo estructural, la segregación y el fundamentalismo del mercado son una combinación tóxica, que ha producido una de las economías globales más desiguales de nuestro tiempo y ha concentrado el poder económico y político en cada vez menos manos privadas a un enorme costo para nuestro frágil planeta y nuestra humanidad compartida. En la actualidad, millones de personas en todo el mundo (de Nueva York a Puerto Rico, y de Johannesburgo a Río de Janeiro) han sido privadas sistemáticamente de sus derechos humanos básicos a la vivienda digna, al empleo y a otros servicios esenciales, mientras que las ganancias corporativas se han disparado. Lamentablemente, nuestra crisis mundial de vivienda y desplazamiento está aumentando rápidamente y tan solo representa la última manifestación de un ciclo más amplio de auge y recesión de los desarrollos e inversiones predatorios en bienes raíces, que continúa marginando activamente a innumerables comunidades. Estas crecientes divisiones económicas y físicas no son moral ni políticamente sostenibles.

La desigualdad no es inevitable, sino el resultado de decisiones y políticas realizadas a consciencia, que perpetúan una cultura de escasez y competencia. Se nutre de políticas extractivas de desarrollo económico que, muy a menudo, explotan a los trabajadores, la tierra y las comunidades en el afán de obtener ganancias a corto plazo. Por consiguiente, las disputas sobre la tierra, el desarrollo y la vivienda pueden verse como parte de una lucha mayor por el poder y el futuro de nuestras democracias. ¿Quién toma decisiones sobre el desarrollo y quién se beneficia de este? ¿Quién pertenece y quién está excluido? ¿Cuáles son las historias y culturas valoradas y cuáles se invisibilizan? Las decisiones que tomamos sobre la vivienda y el uso de la tierra reflejan nuestras respuestas colectivas a estas preguntas. Asimismo, son decisiones morales en esencia: reflexiones sobre cuáles comunidades son "valoradas" y cuáles se consideran "prescindibles".

En este momento de polarización global extrema, es más urgente que nunca encontrar un nuevo TERRENO COMÚN que recalibre y reequilibre la relación entre el mercado, los gobiernos y la sociedad civil. Durante las últimas décadas, ciertas organizaciones comunitarias en todo el mundo (varias de las cuales se discuten en este libro) no solo han desafiado las prácticas excluyentes de vivienda y desarrollo, sino que también han demostrado que es posible atender la situación de otra manera. Los líderes y comunidades de instituciones, como el Fideicomiso de Vivienda de Champlain (Vermont), la Dudley Street Neighborhood Initiative (Boston) y el Fideicomiso de la Tierra del Caño Martín Peña (Puerto Rico), se han organizado para impulsar modelos innovadores de desarrollo inclusivo que han ayudado a revitalizar las comunidades desfavorecidas, evitar desalojos forzosos y promover la seguridad y estabilidad de la tierra. Este movimiento de fideicomisos comunitarios de tierras es único en cuanto a su énfasis en la vivienda y la tierra como parte de un movimiento más amplio para la autodeterminación comunitaria. En el mejor de los casos, los fideicomisos comunitarios de tierras no solo funcionan como herramientas para prevenir desplazamientos y mantener la asequibilidad de la vivienda a largo plazo, sino que además sirven de vehículo para la deliberación, acción y responsabilidad colectivas que ayudan a inclinar la balanza del desarrollo hacia la justicia.

Las comunidades, organizaciones y líderes visionarios presentados en este libro están a la vanguardia de un gran movimiento nacional y mundial que intenta recalibrar la relación entre los gobiernos y los mercados en asuntos relacionados con políticas de vivienda y desarrollo. Muchos de los estudios de caso incluidos en esta publicación resaltan la función crucial que el sector público puede y debe desempeñar a fin de ampliar significativamente estas intervenciones dirigidas por la comunidad. Los gobiernos en el ámbito nacional, estatal y local tienen una parte importante en la creación de políticas adecuadas de uso de la tierra, vivienda e inversiones, que limiten algunos de los peores excesos del mercado mientras se utiliza el desarrollo para preservar los recursos y bienes públicos para el bien común a perpetuidad.

En las palabras de Helen Keller: "La herejía de una época se convierte en la ortodo-xia de la siguiente". Esperamos que las lecciones, ideas, luchas y victorias presentadas en este libro sirvan a legisladores, activistas y líderes comunitarios en todo el mundo como fuente de inspiración y desafío para reimaginar la relación entre las personas, las comunidades y la tierra de modo que se priorice la dignidad humana, la prosperidad compartida y la protección a largo plazo de nuestros recursos naturales.

—

David Ireland
WORLD HABITAT

¿Qué constituye una buena vivienda? Si leemos los anuncios en las revistas populares, podríamos pensar que las personas aspiran a tener apartamentos en rascacielos de vidrio con terrazas de azotea ostentosas y todos los enseres de diseño exclusivo más novedosos. Si hablamos con la gente común, la respuesta es muy diferente.

Este libro propone una respuesta a la pregunta planteada. Describe el crecimiento y la extensión global de una de las ideas más importantes del siglo pasado: el fideicomiso comunitario de tierras. Explica cómo las comunidades, en contextos muy diferentes, han adaptado y usado el modelo del fideicomiso comunitario para cambiar los mecanismos de tenencia de la tierra, crear nuevas viviendas y proteger sus comunidades. A la larga, esto permite que las personas comunes vivan más felices.

El Informe de Felicidad Mundial (*The World Happiness Report*) es una encuesta mundial anual que mide la felicidad general de las personas. Identifica varios factores que nos hacen más felices respecto al lugar donde vivimos, incluidos el apoyo y la seguridad familiar, la salud personal, la libertad de elección, la generosidad de la gente, la percepción de justicia y la ausencia de corrupción.

La mayoría de las personas pasan aproximadamente la mitad de la vida en su casa o en los alrededores de su casa. Una buena vivienda es quizás el factor más importante para asegurar que las personas vivan vidas felices, sanas y plenas. La vivienda es el escenario de nuestra existencia. Es donde transcurre la vida familiar, el lugar al que regresamos después de la escuela o el trabajo. Es donde nos hacemos parte de una comunidad. Forma parte de nuestra identidad. Es de donde somos. Es lo que llamamos hogar.

Sin embargo, para una cantidad cada vez mayor de personas en todo el mundo, los factores que constituyen una buena vivienda están en peligro. El capital global ha invadido la vivienda de alquiler con consecuencias devastadoras para los residentes. Leilani Farha, relatora especial de las Naciones Unidas sobre el derecho a la vivienda, lo llama la "financiarización de la vivienda". Las repercusiones se sienten en todo el planeta. Se manifiestan como desalojos forzosos en masa para dar paso a proyectos de lujo; corporaciones anónimas que compran bienes raíces; casas vacías; y personas desplazadas de sus comunidades porque sencillamente no pueden pagar sus viviendas.

Casi todos los países desarrollados del mundo alguna vez contaron con vivienda social financiada por el Gobierno, o vivienda pública, como un derecho que tenían las personas que no podían pagar el costo de mercado. Pero debido a la austeridad y al cambio de filosofía política, la mayor parte de esta vivienda pública se ha vendido y, en la que queda, la seguridad se ha diluido. En muchos países, las personas más pobres quedan abandonadas a su suerte en el nivel más bajo del mercado privado. Forzadas a vivir en condiciones de hacinamiento y a menudo insalubres, algunas terminan deambulando.

La emergencia climática está causando daño en muchas áreas residenciales. El aumento en la temperatura, las sequías, los fuegos forestales, los huracanes y las inundaciones hacen que los lugares donde viven muchas comunidades pobres sean más peligrosos y menos saludables. El futuro es desolador para algunas comunidades que ven cómo sus tierras se vuelven inhabitables.

Si se debilitan los derechos legales del pueblo, si el mercado privado se vuelve más hostil y si la naturaleza misma sufre tanto daño que reacciona en contra de nosotros, ¿a quién podemos acudir? ¿Quién nos protegerá y quién protegerá nuestros hogares? La comunidad es nuestra respuesta.

Los fideicomisos comunitarios de tierras, junto con otras formas de vivienda dirigida por la comunidad, son una respuesta poderosa fundamentada en el principio básico de que las personas son más fuertes cuando trabajan unidas. Su fortaleza se magnifica cuando controlan colectivamente el terreno donde están ubicadas sus viviendas. La tierra de propiedad comunitaria y el desarrollo liderado por la comunidad van de la mano en un fideicomiso comunitario. Este ofrece la fuerza legal para resistir las amenazas de los desarrolladores depredadores, y la solidez financiera para proteger a las personas del peligro de no poder pagar su vivienda debido a la financiarización. También da a las comunidades la fuerza para comisionar y diseñar mejores hogares que satisfacen las necesidades de las personas y que son capaces de resistir los peligros desatados por un clima cada vez menos predecible.

El movimiento de los fideicomisos comunitarios de tierras ha adoptado esos principios y los ha consagrado en un conjunto de normas sencillas para estructurar una organización así como la tenencia de la tierra y de la vivienda. Estas normas brindan a las comunidades la fuerza legal y financiera que les permite moldear su destino, a la vez que ofrecen a las familias la libertad de vivir sus propias vidas. Los fideicomisos comunitarios dependen de un modelo democrático que otorga a las personas una voz y un interés en sus comunidades. Es una idea convincente que responde a un sistema de vivienda cada vez más disfuncional y a un mundo menos benévolo.

Aunque los orígenes de estos fideicomisos datan de muchas décadas, parecería que fueron inventados hace poco como respuesta específica a los problemas del mundo moderno. No debe sorprendernos que el movimiento de los fideicomisos comunitarios esté creciendo y propagándose. Su forma de organización y tenencia son reconocidas por la ley, y el mismo modelo se adapta a diferentes circunstancias y culturas.

Mi propia organización ha reconocido y promovido el crecimiento y la extensión global de los fideicomisos comunitarios. En 2008, presentamos el premio de World Habitat al Fideicomiso de Vivienda Champlain en Vermont: uno de los pioneros de un movimiento dedicado a crear vivienda asequible a perpetuidad en mercados de bienes raíces que están desplazando a las familias de bajos y medianos ingresos. El premio ayudó a que el concepto cruzara el Atlántico e inspiró el primer fideicomiso comunitario en Europa, fundado en Bruselas. Hemos continuado reconociendo el crecimiento del movimiento con las organizaciones Communauté MiltonParc en Montreal, Canadá, Tanzania Bondeni en Kenia, Hábitat para la Mujer en Bolivia y Grandby Four Streets en Liverpool, RU. Todas han recibido el reconocimiento de los premios World Habitat.

Me entusiasma particularmente el Fideicomiso de la Tierra del Caño Martín Peña en Puerto Rico, receptor del premio World Habitat en 2015. Este fideicomiso ha sido el primero en adaptar el modelo a un asentamiento informal. Más de mil millones de las personas más pobres del mundo viven en asentamientos informales. En el Caño Martín Peña, el fideicomiso comunitario ha ayudado a proteger a la comunidad contra la amenaza combinada de la especulación abusiva con la tierra y los desbordamientos de un cauce de agua local. Esta innovación tiene el potencial de abrir paso a la adopción de fideicomisos comunitarios en otros países como una forma de regularizar la tenencia, mejorar las condiciones en los asentamientos informales y, por ende, mejorar la vida de millones de personas que residen en viviendas sumamente inseguras. El movimiento también se está difundiendo por Europa y ofrece nuevas opciones a las comunidades del este de Europa, donde la privatización masiva de la vivienda estatal a finales de la década de 1980 redundó en un mercado de vivienda distorsionado e inflexible.

De mi experiencia durante visitas a fideicomisos comunitarios de tierras en diferentes partes del mundo conservo muchos recuerdos y una emoción predominante: felicidad. Todos los residentes que han participado en la creación de un fideicomiso comunitario, o que han tenido la suerte de residir en una vivienda que forma parte de un fideicomiso, han expresado que su vida ha mejorado gracias a ello. El lugar donde viven los hace felices. Esto significa un respaldo irrefutable a este tipo de vivienda y es la mejor evidencia de lo que realmente constituye una buena vivienda.

¿Porqué el fideicomiso comunitario de tierras?

La filosofía que subyace una forma no convencional de titularidad del terreno

John Emmeus Davis, Line Algoed
y María E. Hernández Torrales

Hace cincuenta años un grupo de afroamericanos visionarios, quienes habían liderado la lucha por el derecho al voto y la igualdad racial en Albany, Georgia, establecieron New Communities, Inc., una organización a la que más tarde se le atribuyó ser el primer fideicomiso comunitario de tierras. Estos activistas de los derechos civiles creían que la titularidad sobre la tierra era un elemento clave para asegurar la independencia política y económica de su gente. No obstante, poseer tierras estaba fuera del alcance de muchos afroamericanos en el lejano sur en la década del 1960 y en aquellos casos en que podían acceder a una pequeña granja, un predio o una estructura de vivienda, perderla era muy fácil. Quienes fundaron New Communities concluyeron que la tenencia comunitaria mediante una entidad sin fines de lucro no gubernamental sería la forma más segura de tener titularidad sobre la tierra. La tenencia comunitaria de la tierra podía combinarse, además, con la propiedad individual de vivienda nueva ofreciéndole de este modo a personas de ingresos bajos la oportunidad de convertirse en propietarios de viviendas. La propiedad de tierras comunitarias podía proveer una plataforma para la organización cooperativa de la agricultura y otras empresas. Esto daría a las personas de ingresos bajos la oportunidad de obtener prosperidad económica.

Este híbrido novedoso que combina dueños y usos múltiples bajo el ojo avizor de una organización sin fines de lucro controlada por la comunidad fue el prototipo de lo que eventualmente y con varios ajustes a través de los años se convirtió en el fideicomiso comunitario de tierras.

Los fideicomisos comunitarios de tierras iniciales, como el de New Communities, comenzaron en áreas rurales. Estas organizaciones a menudo estuvieron ocupándose, tanto del cultivo de tierras para la agricultura y la conservación de los bosques, como de la producción de vivienda. Para las décadas de 1980 y 1990, mientras los fideicomisos comunitarios de tierra se proliferaron en ciudades, suburbios y pueblos, el enfoque de este movimiento emergente se reorientó bastante. Las prioridades de estas organizaciones nuevas eran predominantemente urbanas: la revitalización del ambiente construido en comunidades empobrecidas; la prevención del desplazamiento de los residentes de ingresos bajos en comunidades gentrificadas; y la promoción del desarrollo de diferentes formas de vivienda asequible.

Existen más de 260 fideicomisos comunitarios de tierras en los Estados Unidos de Norteamérica. Pero este "nuevo modelo de tenencia de la tierra en América" según se le conoció originalmente, ya no es exclusivo ni predominantemente "norteamericano". Más de 300 fideicomisos comunitarios de tierras están en funcionamiento en el Reino Unido. Otros se han establecido en Australia, Bélgica, Canadá y Francia. Se ha generado interés en Alemania, Irlanda, Italia, el Reino de los Países Bajos, Portugal, Escocia y España.

Hasta la fecha, la mayor parte del crecimiento del movimiento de los fideicomisos comunitarios de tierras ha ocurrido en el norte global. Pero esta tendencia está cambiando debido en parte al ejemplo e impacto del Fideicomiso de la Tierra del Caño Martín Peña en Puerto Rico. Esta iniciativa liderada por las propias comunidades que componen el Fideicomiso y cuyo propósito es regularizar la tenencia de la tierra y asegurar las viviendas de familias en asentamientos informales, ha progresado continuamente no empece los desastres naturales y la precaria situación económica de la isla. El efecto destacado de este fideicomiso ha captado la atención de las personas que viven en situaciones similares en América Latina y el Caribe. Los activistas comunitarios en África y Asia del Sur también se han interesado por el fideicomiso comunitario de tierras y están analizando si es posible usar una versión de esta estrategia para promover el desarrollo equitativo y sostenible en áreas urbanas y rurales de sus países.

En terreno común: Perspectivas internacionales sobre los fideicomisos comunitarios de tierras, una colección de ensayos originales publicada en junio de 2020, documenta la germinación, diversificación, y la transferencia de conocimientos del movimiento mundial de los fideicomisos comunitarios de tierras. La mayoría de los 26 capítulos del libro contestan las preguntas básicas sobre quién, qué, cuándo, cómo y dónde. En primer plano se despliegan las historias de pioneros de los fideicomisos comunitarios de tierras, sus organizaciones y estrategias. También, un número de capítulos atiende la pregunta sobre el porqué, y examinan la filosofía que subyace esta forma no convencional de tenencia de la tierra. Tales capítulos se compilaron para este trabajo monográfico.

Se incluyen en este trabajo monográfico seis ensayos tomados de En terreno común que discuten con profundidad las justificaciones teóricas y prácticas de este "híbrido novedoso" que se disemina lentamente a través del escenario global. Cada uno de los ensayos expone sus justificaciones desde diferentes puntos de vista y priorizan un conjunto de argumentos complementarios. Estos ensayos proveen un racional coherente y convincente por lo cual los fideicomisos comunitarios de tierras son dignos de consideración, implementación y apoyo.

¿CUÁL ES LA IMPORTANCIA DEL NOMBRE?

No todos los fideicomisos comunitarios de tierras son iguales. Entre los cientos de fideicomisos comunitarios de tierras que ya están establecidos o se encuentran en proceso de planificación, hay múltiples variaciones en cuanto a cómo están estructurados, cómo se utilizan sus tierras, cómo se trabaja el desarrollo y cómo se gestiona la vivienda. Lo que se conoce como un "fideicomiso comunitario de tierras" puede variar mucho de un país a otro, o incluso de una comunidad a otra en un mismo país.

Los elementos básicos de los fideicomisos comunitarios de tierras según los conocemos hoy fueron expresados originalmente en un libro popular publicado en 1972. Los autores de dicho libro fundamentaron este nuevo modelo principalmente en las características de New Communities, Inc., pero también adoptaron características de otros precedentes históricos. Estos precedentes incluyeron la titularidad colectiva de las tierras indígenas, la tierra para uso común de New England, los *moshav ovdim* de Israel, los ejidos de México, los *Ujamaa Vijijini* de Tanzania y las villas *Gramdan* de la India.

El modelo que se describió en el 1972 también se asemejaba al esquema de propiedad mixta que Ebenezer Howard había propuesto en 1898 para las ciudades jardín en Inglaterra. Bajo este modelo, las viviendas, comercios, jardines y fábricas que se establecieran a las afueras de las principales ciudades serían de propiedad privada de los individuos, cooperativas, o empresas lucrativas, pero la tierra bajo tales estructuras se mantendría permanentemente bajo la titularidad de una organización no gubernamental creada expresamente para este propósito. Las parcelas de terreno estarían fuera del mercado especulativo, no obstante, estarían disponibles para el desarrollo planificado y el uso productivo mediante contratos de arrendamiento a largo plazo otorgados entre la organización no gubernamental sin fines de lucro y la miríada de individuos dueños de estructuras u operadores de empresas en terrenos arrendados. La tierra sería retenida y administrada para el beneficio de todas las personas residentes –ricas, pobres, presentes o futuras– haciendo posible de ese modo que el desarrollo fuera liderado por la propia comunidad, que fuera ésta, de forma colectiva, quien determinara su futuro, y que se capturara el aumento en el valor de la tierra, creado por la propia comunidad, para el bienestar general.

Al modelo de titularidad mixta creado en Inglaterra, India, y otros lugares, las personas visionarias que crearon New Communities—y quienes siguieron su ejemplo posteriormente—incorporaron sus propios elementos organizacionales y operacionales, transformando el modelo en algo distinto, algo nuevo. La propiedad comunitaria de la tierra continúa siendo fundamento en el establecimiento de un fideicomiso comunitario de tierras en el que una organización privada sin ánimo de lucro administra parcelas de terreno para el beneficio de una comunidad, especialmente aquellas de ingresos bajos con necesidad de vivienda. Lo que se incorpora nuevo al modelo son mecanismos para asegurar que el desarrollo que realiza el fideicomiso esté guiado por la comunidad. En lugar de ser un modelo de desarrollo vertical dictado por una entidad gubernamental, un inversionista filantrópico o una organización benevolente proveedora de vivienda social, el desarrollo realizado por un fideicomiso comunitario de tierras sería liderado por los residentes de la comunidad que el fideicomiso representa. Propiedad y apoderamiento van de la mano. Se añade también un compromiso operacional sobre el cuidado de las tierras custodiadas por el fideicomiso y de las estructuras en tales tierras, la mayoría de las cuales serán de propiedad de terceros. Los proyectos de los fideicomisos comunitarios se diseñan para asegurar que la vivienda, edificios no residenciales, y otros usos de la tierra se mantengan asequibles por largo tiempo después de su desarrollo.

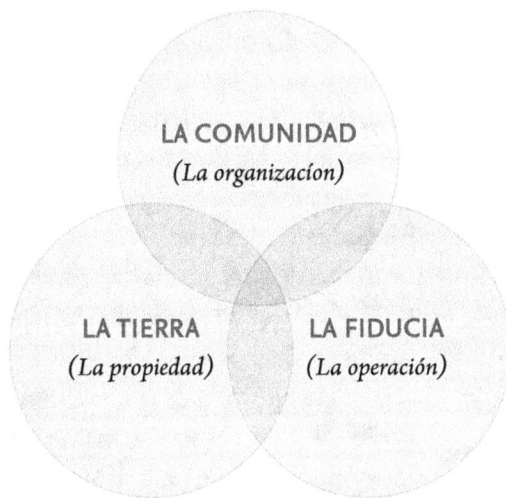

LA COMUNIDAD
(La organización)

LA TIERRA
(La propiedad)

LA FIDUCIA
(La operación)

En los Estados Unidos, estas características distintivas de propiedad, organización y operación, que interactúan y coinciden en un modelo dinámico de desarrollo local, se dieron a conocer como el fideicomiso comunitario de tierras "clásico". No obstante, casi tan pronto como se llegó a un acuerdo sobre esta concepción y configuración del fideicomiso, se comenzó a modificar el modelo de innumerables maneras. Surgieron cambios en todas sus características a medida que los expertos en diferentes lugares lo amoldaban a las condiciones, necesidades y prioridades de sus comunidades o lo adaptaban para cumplir con las leyes y costumbres de su país.

Este proceso de innovación y adaptación continuo ha ayudo al fideicomiso comunitario de tierras a difundirse en un espacio internacional dispar, y a prosperar en una gama de contextos. Sin embargo, al mismo tiempo, la diversidad de los significados relacionados con el modelo y las distintas formas de estructurar el fideicomiso han dificultado aún más la tarea de explicar qué es exactamente un fideicomiso comunitario de tierras. Hoy día hay ambigüedad, incluso cierta controversia, en la descripción e implementación de todos sus componentes.

Comunidad. En todo el mundo, la mayoría de las organizaciones autodenominadas como fideicomiso comunitario de tierras tienen el compromiso de involucrar a la población local en sus actividades y de incorporar un carácter participativo en los propósitos, las prácticas y la estructura de su organización. Se exhorta a las personas que viven en los terrenos de fideicomisos comunitarios (o cerca de estos) a convertirse en miembros votantes de la organización. Los reclutan para servir en su junta directiva.[1] Se les invita a participar en la conformación de los usos y proyectos propuestos por el CLT. La comunidad dirige el desarrollo junto con la organización que lo inicia y supervisa.

La ambigüedad pasa a ser parte del panorama por los diferentes recursos que los fideicomisos comunitarios de tierras emplean para involucrar y empoderar a su comunidad. La controversia surge porque algunos fideicomisos han prescindido de la comunidad por completo, lo que ha causado que los críticos cuestionen si deberían considerarse un fideicomiso comunitario de tierras "verdadero". Las características distintivas del modelo convencional de propiedad y operación podrían estar presentes, pero los residentes no gobiernan ni dirigen el programa implementado; es decir, falta la "comunidad" en la composición organizativa de la entidad que realiza el desarrollo. Estas variaciones crean dificultades perennes para los defensores de los fideicomisos comunitarios de tierras cada vez que intentan llegar a un consenso sobre lo que debe considerarse como un fideicomiso de esta índole.[2]

Tierra. El fideicomiso comunitario de tierras característico es una organización sin fines de lucro que retira un terreno del mercado y lo maneja en nombre de una comunidad local, mientras hace posible que tanto personas como organizaciones lo usen a largo plazo. Los títulos de los edificios ubicados en tierras de un fideicomiso comunitario, ya sean los que existían antes de que el fideicomiso adquiriera la tierra o los construidos posteriormente, se otorgan individualmente a diferentes partes: propietarios de viviendas, cooperativas, negocios, jardineros, agricultores, etc. Los dueños de los edificios arriendan la tierra subyacente al fideicomiso comunitario de tierras.

Este convenio de propiedad mixta desdibuja el límite legal y conceptual entre las categorías convencionales de tenencia, que presumen que la propiedad inmueble es una cosa o la otra. Un fideicomiso comunitario de tierras altera esta imagen ordenada, pues se trata de un punto medio equilibrado entre los extremos de la *propiedad individual*, retenida y operada con el propósito principal de promover intereses privados; y la *propiedad colectiva*, que se retiene y opera para promover un interés común. El fideicomiso comunitario de tierras se inclina al primer tipo de propiedad en relación con los edificios. Y hacia el segundo en su tratamiento de la tierra, por lo que el fideicomiso comunitario es como un pariente cercano de las cooperativas, coviviendas y varias formas de terrenos comunales, colectivos y tribales.

Aunque las tierras de un fideicomiso de este tipo se caracterizan a menudo como "propiedad comunitaria" o, en el lenguaje de esta publicación, como "terreno común", estas tierras no son propiedad colectiva ni cooperativa de las personas que viven en ellas o en sus alrededores. El título pertenece al fideicomiso comunitario de tierras exclusivamente. Estos fideicomisos promueven la titularidad para el bien común, pero no así la propiedad común.[3]

Sin embargo, hay lugares donde separar la titularidad se dificulta (o imposibilita) por las peculiaridades de las leyes de propiedad de un país específico o por las objeciones de posibles financiadores.[4] Por lo tanto, en ocasiones, los fideicomisos se han visto en la obligación de retener la titularidad de los edificios y de la tierra, o de renunciar a ambas, mientras imponen restricciones prolongadas al uso y la asequibilidad de estas propiedades. En Puerto Rico se ha desarrollado otra variación en la que el Fideicomiso del Caño posee la tierra subyacente, pero usa una escritura de derecho de superficie a largo plazo, en lugar de arrendar la tierra, para brindar seguridad de la tenencia a los propietarios que ocupan viviendas en los terrenos del fideicomiso. Algunos residentes viven en sitios que sus familias han ocupado durante casi un siglo.

Fideicomisos (fiducia). Aunque la palabra "fideicomiso" es parte de su nombre, rara vez los fideicomisos comunitarios de tierras se han establecido como fideicomisos de bienes raíces.[5] La mayoría son organizaciones no gubernamentales: corporaciones privadas sin fines de lucro con el propósito benéfico de satisfacer las necesidades de poblaciones marginadas por el mercado y el Estado. El término "fideicomiso" no se refiere a cómo se organiza un fideicomiso comunitario de tierras, sino a cómo este opera. Se trata de lo que un fideicomiso comunitario *hace* para supervisar las tierras y edificios a su cargo y para desempeñar sus deberes administrativos. Los deberes primordiales son preservar la asequibilidad, asegurar el acceso a largo plazo a la tierra y la vivienda a personas con recursos modestos, y evitar su desplazamiento por la gentrificación y otras presiones. La administración también incluye responsabilidades, como prevenir el mantenimiento diferido en las viviendas y otros edificios ubicados en los terrenos del fideicomiso y, de ser necesario, intervenir para proteger a los ocupantes contra prácticas prestamistas abusivas, desalojos arbitrarios, ejecuciones hipotecarias y otras amenazas a la seguridad de la tenencia. No obstante, algunos fideicomisos comunitarios de tierras no se centran tanto en proveer viviendas, sino en la preservación de cuencas hidrográficas, bosques o tierras agrícolas, ya sea en áreas rurales o urbanas. Las responsabilidades administrativas de un fideicomiso comunitario con la encomienda de manejar dichas tierras pueden parecer muy diferentes a las que son necesarias cuando la asequibilidad de la vivienda es un enfoque operacional del fideicomiso.

¿QUÉ TIENEN EN COMÚN LOS FIDEICOMISOS COMUNITARIOS DE TIERRAS?

Si bien no hay uniformidad en la descripción de estos fideicomisos, hay puntos de convergencia. Lo que une a una comunidad global de académicos y expertos del campo de los fideicomisos comunitarios de tierras es más importante que lo que nos separa. Se ha creado una lengua franca a fin de entender lo que significa para una organización convertirse en un fideicomiso comunitario de tierras y comportarse como tal. Hay un compromiso compartido de reinventar y adaptar terrenos para el bien común. También hay una convicción común: las tierras controladas por la comunidad tienen una probabilidad mayor de hacer un mejor trabajo al promover el desarrollo equitativo y sostenible, en comparación con la tierra mercantilizada y de propiedad privada, particularmente en lugares habitados por grupos desfavorecidos y marginados históricamente.

Otra característica compartida entre la mayoría de los académicos y expertos en este campo es que los fideicomisos comunitarios de tierras son más que la suma de sus partes. En el diverso mundo de estas entidades, la titularidad, la organización y la operación no están configuradas de la misma forma en todos los pueblos y países. Sin embargo, dondequiera que se han adoptado, se ha llegado a la conclusión general de que la creación de un fideicomiso comunitario de tierras implica más de un solo componente; no es suficiente la reinvención de alguno para inclinar la balanza del desarrollo hacia una distribución más justa de la propiedad y el poder. La tierra de propiedad comunitaria, por sí sola, no es suficiente. El desarrollo dirigido por la comunidad no es suficiente. La vivienda asequible de forma permanente no es suficiente. La *combinación* de estos elementos es lo que garantiza la identidad distintiva y el potencial de transformación de los fideicomisos comunitarios de tierras.

Sin duda, hay lugares en el mundo donde se han implementado fideicomisos comunitarios eficazmente sin adoptar todas las características del fideicomiso "clásico". Ese arquetipo ha dejado de usarse como modelo, pero sigue siendo un referente. Es el punto de comienzo para la mayoría de las personas que luchan por adaptar esta compleja forma de tenencia a sus situaciones específicas. Es la visión que muchos tienen de un fideicomiso comunitario de tierras cuando imaginan mejores resultados de su ardua y virtuosa labor, ya sea para brindar vivienda asequible, reconstruir barrios residenciales, regularizar la tenencia en asentamientos informales o preservar tierras y empresas locales en riesgo de desaparecer por las presiones del mercado.

Cuando la titularidad de la tierra se dirige al bien común de una comunidad presente y futura; cuando el desarrollo lo realiza una organización proveniente de la comunidad, arraigada en ella y dirigida por esta; cuando la administración es deliberada, diligente y duradera... es más probable que se haga justicia y que perdure. Esa es la motivación moral y la gran promesa del terreno común.

Notas

1. En términos organizativos, el modelo promovido por el Instituto de Economía Comunitaria (Institute for Community Economics) durante la década de los años ochenta tenía una membresía abierta y una junta tripartita en representación de los intereses de las personas que viven en terrenos del fideicomiso comunitario o que viven en su área de servicio, y de las instituciones que sirvieron a esa geografía, incluidas entidades gubernamentales, iglesias, bancos, negocios y otras organizaciones no gubernamentales. Véase Institute for Community Economics, *The Community Land Trust Handbook* (Rodale Press, 1982).

2. Hasta cierto punto, "En terreno común" elude este debate presentando una serie de organizaciones que se autodenominan como un fideicomiso comunitario de tierras, aun si no muestran todas las características del modelo "clásico", según definido en los Estados Unidos. No obstante, nuestra aceptación ecuménica tenía límites. Solamente admitimos a la compañía de fideicomisos comunitarios de tierras a las organizaciones que tenían el compromiso de administrar el terreno para el bien común y de retirar las tierras del mercado para que cierta comunidad tuviera la titularidad y el control sobre estas.

3. Esto confirma la primera descripción de los fideicomisos comunitarios de tierras: "El interés principal de los fideicomisos comunitarios no es la titularidad común. Más bien, se trata de obtener la titularidad para el bien común, que podría combinarse (o no) con la titularidad colectiva" (International Independence Institute, *The Community Land Trust: A Guide to a New Model for Land Tenure in America*, 1972: 1). Aunque las personas que viven en terrenos de un fideicomiso comunitario de tierras no poseen un título sobre la tierra subyacente, la fórmula de reventa usada por algunos fideicomisos prevé un aumento modesto en el capital del propietario si la tierra aumenta de valor mientras este la ocupaba.

4. Los estados de Carolina del Norte y Ohio son ejemplos de estados en los Estados Unidos de Norte América en los que las leyes han sido obstáculos para separar la propiedad de la tierra y de las estructuras. Los fideicomisos comunitarios de tierras en Inglaterra y Australia han enfrentado un problema similar requiriéndoles esto encontrar una solución jurídica.

5. Por lo general, los fideicomisos son establecidos por individuos para controlar la distribución de su propiedad, ya sea en vida o después de fallecer. Con frecuencia, la propiedad es un bien inmueble, pero también existe en forma de acciones, bonos u otros activos que generen ingresos. La persona que crea el fideicomiso se conoce como "fideicomitente". La persona que posee la propiedad en nombre de la otra parte es el "fiduciario". Este último obtiene el título de la propiedad, pero, bajo un "fideicomiso revocable", el fideicomitente puede reclamar la propiedad más adelante. El fiduciario distribuye los ingresos del fideicomiso a una lista específica de beneficiarios nombrados por el fideicomitente al establecer el fideicomiso. Los fideicomisos también pueden establecerse con fines públicos. En estos casos, la ley de fideicomiso de algunos países permite establecer el fideicomiso a perpetuidad.

1.

La ciudad jardín del ayer y del mañana

Yves Cabannes y Philip Ross

Hace más de cien años, Ebenezer Howard emprendió un viaje intelectual para definir lo que sería una ciudad jardín. El resultado fue su publicación de 1898: *Garden Cities of To-Morrow—A Peaceful Path to Real Reform*. El libro fue escrito en una época en la que la Comuna de París seguía fresca en la memoria, el marxismo aún se estaba formulando, la Europa imperial estaba en su cénit y el joven Lenin aún se dedicaba a la reflexión. Fue escrito a la sombra de un movimiento cooperativista cuya premisa era que las personas tenían la capacidad de unirse para construir sus propias instituciones. A finales del siglo XIX, había cerca de 27 000 sociedades mutualistas registradas.

El libro condujo a la fundación de Letchworth Garden City: la primera ciudad jardín del mundo. Howard reflexionaba sobre el proceso de industrialización por el que pasaba Gran Bretaña en esos momentos. Su objetivo era crear un pueblo ideal uniendo lo mejor de la ciudad y el campo. En la visión de Howard, el ciudadano sería el rey, y se afrontarían y vencerían los males de esos tiempos (los terratenientes arrendadores, la miseria, la contaminación y la pobreza).

La palabra impresa se convirtió en realidad cuando aparecieron los fondos para comprar un terreno donde construir ese pueblo innovador. A medida que Letchworth cobraba forma, la arquitectura inspiradora se convertía en un componente clave y el pueblo se diseñaba usando normas sencillas que reflejaban sensatez. Por ejemplo, las fábricas se colocaron al este para que el humo no se dispersara sobre el pueblo. La inspiración de los arquitectos provenía del movimiento de artes y oficios [*Arts and Crafts*] y de una fe en los espacios verdes, el medioambiente saludable y el diseño compasivo.[1] Estas eran las consignas que guiaban la nueva utopía.

Sin embargo, Howard y sus seguidores sabían que para crear una buena comunidad y un pueblo vibrante se necesitaba mucho más que un plano cuidadosamente diseñado y una arquitectura atractiva. Los aspectos sociales serían de igual importancia, y la propiedad y el civismo serían los ingredientes clave. Una ciudad jardín sería justa y equitativa para sus residentes. Se fundamentaba en la proposición radical de la titularidad común de

Fig. 1.1. Letchworth en la actualidad, aún mantiene su vitalidad y belleza. YVES CABANNES

la tierra. Esto era importante porque la ciudad jardín no podía ser solamente un esfuerzo bien intencionado por construir viviendas asequibles. Aunque Howard lo articuló de otra forma, la ciudad jardín tenía que ser sostenible a largo plazo. Tenía que ser económicamente sostenible por derecho propio; por eso era crucial que se captaran los crecientes valores de la tierra. Para que la ciudad jardín fuera socialmente sostenible y se mantuviera asequible a medida que aumentaban dichos valores, los terrenos tenían que ser de propiedad comunitaria. Además, la ciudad jardín tenía que ser sostenible en términos de su impacto ambiental. La planificación era parte de esto, así como la producción local de alimentos, que también era un elemento integral del modelo. Sin embargo, la noción subyacente era que la ciudad jardín debía ser su propia dueña.

Los arquitectos socialistas de Letchworth, Barry Parker y Raymond Unwin, pronto se vieron participando en el diseño del suburbio de Hampstead Garden y otras zonas del Reino Unido, incluida la ciudad jardín de Welwyn en Inglaterra, construida a una escala mucho mayor que Letchworth. El movimiento urbanístico de la ciudad jardín cruzó el Canal de la Mancha rápidamente e inspiró las *cités jardins* en la región minera de carbón al norte de Francia tan pronto como en 1905, así como los nuevos pueblos alrededor de Bruselas construidos justo después de la Primera Guerra Mundial. Aparecieron ciudades jardín alrededor de París y también en Alemania, Suiza, Portugal y los Países Bajos. También se establecieron algunas alrededor de Moscú, como resultado de la traducción del libro de Howard en 1912, que inspiró a los planificadores urbanos rusos antes y después de la Revolución Bolchevique de 1917.

Las ciudades y los barrios jardín pronto sobrepasaron las fronteras europeas. Surgieron en Cairo, Buenos Aires y Santiago, entre otras ciudades. Brasil merece una mención especial, pues Barry Parker, uno de los planificadores principales de Letchworth, asesoró a la ciudad de São Paulo en la construcción de Jardim America entre 1917 y 1919. Este fue el punto de partida de una cantidad significativa de barrios y ciudades jardín por todo Brasil: más de cuarenta y cinco. El concepto de ciudades jardín también influyó en la planificación urbana en Norteamérica. Entre los ejemplos más icónicos están los tres pueblos del cinturón verde construidos en la década de los años treinta: Greendale, Wisconsin; Greenhills, Ohio; y Greenbelt, Maryland.[2]

Han trascurrido más de 110 años desde que se fundó la primera ciudad jardín. Con toda esta trayectoria y experiencia en el diseño de pueblos, el desarrollo comunitario y las diversas aplicaciones del modelo de ciudades jardín, es hora de preguntarnos qué lecciones podemos aprender. ¿Cuáles deben ser los principios que rigen una ciudad jardín del siglo XXI? Creemos que muchos de los instintos originales de Howard eran correctos, pero, ¿cómo se puede realizar esta visión de ciudad jardín en el contexto moderno?

PRINCIPIOS RECTORES DE UNA CIUDAD JARDÍN

Se debe comenzar declarando que una ciudad jardín es una comunidad equitativa, justa y armoniosa. Debe ser un lugar sostenible en términos económicos, sociales y ecológicos. No se limita a nuevas ciudades o pueblos, incluso aquellos que fueron construidos siguiendo los principios tradicionales de planificación, arquitectura o diseño de ciudades jardín. La ciudad jardín se trata de la comunidad, no solo de la arquitectura y el diseño urbano. Tiene que ver con formar una comunidad armoniosa y equilibrada combinando lo mejor de la ciudad y el campo para crear un lugar donde la medida del éxito sea la felicidad de las personas que viven allí.

Tal como se describe en un "manifiesto" que publicamos en 2014, hay doce principios que consideramos fundamentales para una ciudad jardín del siglo XXI.[3] Estos principios se inspiran en las ideas de Howard, el legado de Letchworth y las buenas prácticas internacionales. Establecemos que cualquier pueblo, ciudad o barrio puede considerarse una ciudad jardín si adopta los principios a continuación:

- Los residentes son ciudadanos.

- La ciudad jardín es su propia dueña.

- La ciudad jardín cuenta con eficiencia energética y huella de carbono cero.

- La ciudad jardín ofrece a todas las personas el acceso a la tierra para vivir y trabajar.

- En la ciudad jardín se practican los principios de comercio justo.

- Se comparte la prosperidad.

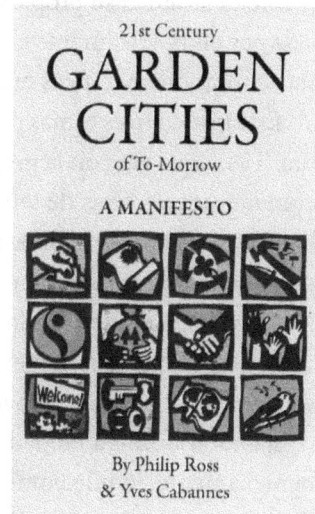

21st Century
GARDEN CITIES
of To-Morrow
A MANIFESTO

By Philip Ross
& Yves Cabannes

Fig. 1.2. Portada del "Manifiesto" de 2014. Se publicaron ediciones anteriores en 2012 y 2013.

- Todos los ciudadanos son iguales, todos los ciudadanos son diferentes.

- Hay representación justa y democracia directa.

- Las ciudades jardín se producen con métodos participativos de planificación y diseño.

- Una ciudad de derechos construye y defiende el derecho a la ciudad.

- El conocimiento se posee comunitariamente, se comparte y se mejora.

- La riqueza y la armonía se miden a base de la felicidad.

Estos principios representan múltiples puertas de acceso a la ciudad jardín. Podemos usar cualquiera para entrar, pero si se rechaza o contradice alguna, esta se convierte en salida. No obstante, concentrémonos en el principio que es más pertinente a los fideicomisos comunitarios de tierras: "la ciudad jardín es su propia dueña". Esto no significa que dichos fideicomisos no se esfuerzan por aplicar los demás principios, pero la tierra que se posee y administra para el bien común es la intersección principal entre la ciudad jardín y el fideicomiso.

LA CIUDAD JARDÍN ES SU PROPIA DUEÑA

La ciudad jardín es, en definitiva, propiedad de la comunidad local y no de una serie de terratenientes arrendadores. Su titularidad y gobernanza proviene de las personas que viven y trabajan en la ciudad, quienes son sus ciudadanos y actúan por el bien común. Si la ciudad jardín es su propia dueña, entonces rinde cuentas a sus ciudadanos y es controlada por ellos, idealmente como un fideicomiso comunitario de tierras administrado por estructuras democráticas que lo hacen tanto inclusivo como responsable.

Este principio es el más poderoso de todos porque es una realización tangible del civismo. Tiene que ver con la propiedad real y tangible de la ciudad jardín. Se trata de formas comunes y colectivas de tenencia de la ciudad y del control de los ciudadanos sobre los bienes que esta posee. Sin embargo, ser dueños no es suficiente. También tiene que haber participación: ciudadanos activos y capaces de exigirle responsabilidad al propietario. De lo contrario, la ciudad jardín no funcionará.

Creemos que si a las personas que viven en una ciudad les interesa su prosperidad, eso ayudará a engendrar la idea del civismo. Así lo entendió Ebenezer Howard cuando concibió la primera ciudad jardín. Esta no sería una entidad benéfica o algo retenido benignamente en fideicomiso, sino que sería de propiedad común. Tampoco se trataba de personas dueñas de acciones pasivas en papel que especulaban con su éxito, sino de personas que participaban, construían, la hacían una obra de arte y compartían tanto su éxito como sus obligaciones.

El dueño de los terrenos de la ciudad, o el dueño de la tierra subyacente a un barrio, no sería un arrendador lejano ni tampoco el concejo municipal o el Gobierno central.

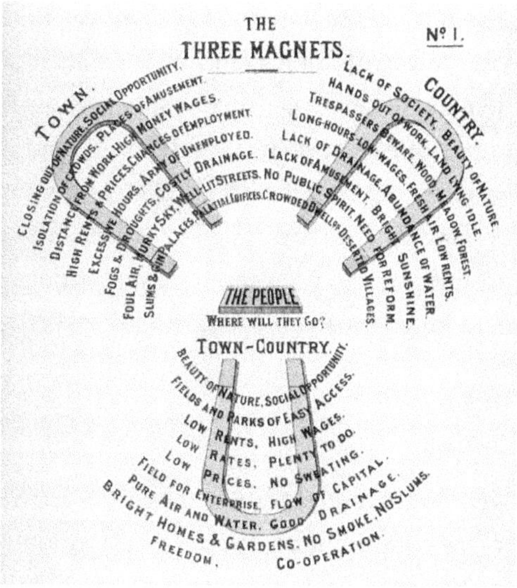

Fig. 1.3. Las ciudades jardín se concibieron como una combinación de lo mejor de la ciudad y el campo, lo que Howard describió en su famosa imagen de los "Tres Imanes" (derecha). Letchworth logró precisamente eso proporcionando tierras no solo para vivienda, sino también para la manufactura (izquierda) y la jardinería (abajo). YVES CABANNES

En teoría, los bienes podrían colocarse bajo el control del "concejo local"; sin embargo, al menos en el Reino Unido, las personas no hubiesen confiado en dicho organismo para proteger sus bienes. Por ejemplo, muchas personas creen que si los bienes de Letchworth se hubieran colocado bajo el control del concejo de distrito, se hubiesen vendido poco a poco con el transcurso de los años para reducir los impuestos y ganar el respaldo político de los votantes. En cambio, al asegurar los bienes en un fideicomiso, las tierras de Letchworth se han mantenido unidas para el beneficio de la comunidad a largo plazo o "a perpetuidad", como suelen decir las consignas de los fideicomisos comunitarios de tierras.

No obstante, las ciudades jardín son más que solo viviendas. El enfoque de Howard (y el nuestro) abarca el pueblo en su totalidad, no solo las viviendas. La agricultura, las tiendas, las oficinas y otros espacios comerciales, incluso la industria, pueden ubicarse en tierras que se poseen y administran para el bien común.

¿Cómo podemos hacerlo? ¿Cómo puede la gente poseer las tierras comunitariamente? Hay muchas formas en las que los residentes pueden ser sus propios arrendadores. Es posible hacerlo por medio de un modelo cooperativista, un banco de tierras cooperativo o un fideicomiso comunitario de tierras.

TENENCIA COMUNITARIA DE LA TIERRA

Uno de los modelos de tenencia comunitaria de la tierra más exitosos es el de los fideicomisos comunitarios de tierras: un modelo creado por Ralph Borsodi y Robert Swann en los Estados Unidos. Ese prototipo del fideicomiso comunitario moderno en los Estados Unidos tomó forma en 1969, cerca de Albany, Georgia, a instancias de líderes del movimiento de derechos civiles del sur. Los pioneros de este movimiento se basaron en ejemplos anteriores de comunidades planificadas en tierras arrendadas, incluidas las ciudades jardín de Howard, las comunidades monotributistas en los EE. UU. y las aldeas *gramdan* en la India, donde los terratenientes adinerados aportaban voluntariamente un porcentaje de sus tierras, que luego la aldea completa mantenía en fideicomiso para beneficio de las castas inferiores.

En esencia, un fideicomiso comunitario de tierras separa la tenencia de la tierra de la propiedad de todas las estructuras que se construyen en ella. El fideicomiso retiene la titularidad de la tierra mientras que las casas y los edificios comerciales, restaurantes, etc. situados en esa tierra se venden, se alquilan o se poseen y administran como cooperativas o pequeños negocios. Nos gusta la descripción de Diacon, Clarke y Guimarães de cómo funciona un fideicomiso comunitario:

> Un fideicomiso comunitario de tierras separa el valor de la tierra del de los edificios construidos sobre ella y puede usarse en una amplia gama de circunstancias para conservar el valor de cualquier inversión pública o privada, así como para planificar las ganancias y la valorización de la tierra para beneficio de la comunidad. Es crucial que los residentes y comerciantes locales participen activamente en la planificación y provisión de viviendas, espacios de trabajo o instalaciones comunitarias asequibles.[4]

EL INCREMENTO NO DEVENGADO

¿Por qué complicarse con este tipo de titularidad? La respuesta está relacionada con el valor de la tierra y el hecho de que este continúa en ascenso. Sobre los ingresos de una ciudad jardín y cómo se podrían obtener, Ebenezer Howard escribió lo siguiente:

Por lo tanto, mientras que en algunas partes de Londres el costo de alquiler es de £30,000 por acre (0.40 hectáreas), £4 por acre es un alquiler sumamente alto para tierras agrícolas. Por supuesto, la enorme diferencia del valor del alquiler se debe, casi totalmente, a la presencia de una población grande en uno de los casos y a la ausencia de esta en el otro; además, como la diferencia no se puede atribuir a la acción de una persona en particular, con frecuencia se habla del "incremento no devengado", es decir, no devengado por el terrateniente arrendador, aunque un término más correcto sería "incremento devengado por el colectivo".

Como la presencia de una población considerable ofrece valor adicional al suelo, es obvio que una migración poblacional de cualquier escala significativa a cualquier área en particular irá acompañada de un alza correspondiente en el valor de la tierra que se poblará, como también es obvio que dicho incremento en el valor podría, con previsión y un preacuerdo, convertirse en la propiedad de las personas que migran.

Tanto la previsión como el preacuaerdo, que nunca se habían ejercido con eficacia, se muestran de forma conspicua en el caso de la ciudad jardín, donde la tierra, como hemos visto, se confiere a fideicomisarios que la mantienen en fideicomiso (luego del pago de obligaciones) para toda la comunidad, de manera que el incremento total del valor creado paulatinamente se convierte en propiedad de la ciudad. Por consiguiente, aunque los alquileres pueden aumentar, incluso de forma considerable, este aumento no pasará a manos de individuos privados.[5]

El costo y el valor de la tierra tienden a subir, mientras que los salarios, por lo general, se estancan o aumentan a un ritmo más lento. A veces el valor de la tierra aumenta cuando el contribuyente invierte dinero en mejoras a la infraestructura local, pero son los propietarios (y no los inquilinos o arrendatarios) quienes obtienen el mayor beneficio. Los verdaderos ganadores son los que poseen el dominio de la tierra.[6]

EL FIDEICOMISO COMUNITARIO DE TIERRAS COMO VEHÍCULO PARA CREAR UNA CIUDAD JARDÍN

A pesar de la prominencia otorgada a la titularidad comunitaria de la tierra en la visión de Howard, así como en la implementación precoz de dicha visión en Letchworth y Welwyn, este principio rector se diluyó con el tiempo, y desapareció del todo en muchos lugares que se autodenominaron ciudad jardín. Por desgracia, fueron los principios de arquitectura y diseño los que serían copiados y celebrados, en la medida en que los arquitectos trataban una y otra vez de construir la ciudad o el pueblo perfecto solo con ladrillos y mortero. Las ciudades jardín se convirtieron en la cara aceptable de la planificación de pueblos y ciudades. Sin embargo, sus elementos más radicales, como el de la propiedad común de la tierra, a menudo quedaron rezagados.

Los fideicomisos comunitarios son la forma de devolver el principio de la titularidad

Fig. 1.4. Compartir el conocimiento: un principio rector de las ciudades jardín del siglo XXI. Estudiantes de visita en Letchworth durante un día lluvioso de 2012. YVES CABANNES

comunitaria de la tierra a la concepción e implementación de la ciudad jardín, así como un medio para revitalizar el civismo, otro de nuestros doce principios para crear la ciudad jardín. Estos fideicomisos también son una forma de eliminar el mayor obstáculo para la realización de las ciudades jardín hoy día. La ciudad jardín imaginada por Howard tenía un requisito particularmente abrumador. Un grupo de fideicomisarios tenía que localizar y adquirir 6000 acres (2,428.113 hectáreas) de tierra vacante en donde construir un nuevo pueblo para 32 000 residentes. Eso tal vez era posible en la primera mitad del siglo XX, cuando se estaban planificando y construyendo decenas de pueblos, suburbios y barrios en los que se incorporaban las características de diseño que Parker y Unwin habían aplicado en Letchworth. Es una posibilidad menos realista hoy día, sobre todo en las zonas pobladas del norte global.

Sin embargo, pensamos que cualquier pueblo, ciudad o barrio puede convertirse en ciudad jardín si adopta los doce principios que identificamos anteriormente, incluido el que establece que "la ciudad jardín es su propia dueña". ¿Pero cómo lograrlo, dado que la probabilidad de adquirir miles de acres de tierra vacante es tan remota? Los fideicomisos comunitarios ofrecen una respuesta parcial. Son un vehículo para acumular terrenos poco a poco y poner en práctica los principios de la ciudad jardín en el momento actual y no después. No hay razón para esperar a que se haga factible la compra de miles de acres. La tierra no tiene que estar vacía. Incluso los terrenos donde ya hay edificios pueden integrarse a un fideicomiso comunitario de tierras. Esto permite que, con el tiempo, los barrios existentes se transformen en algo similar a una ciudad jardín. Según lo indicó John Emmeus Davis en el epílogo de nuestro Manifiesto de 2014:

La promesa del fideicomiso comunitario de tierras fue que los principios de la ciudad jardín podían ponerse en práctica de inmediato. Algo semejante a una ciudad jardín podía crearse progresivamente. Era posible comenzar a pequeña escala y extenderse de forma continua. El fideicomiso podía construir nuevos edificios o entretejerse como un hilo brillante de rehabilitación y renovación en la tela gris del entorno existente.[7]

Los fideicomisos comunitarios no solo permiten a los activistas de ciudades jardín comenzar enseguida, sino que además insisten en la confluencia esencial entre la propiedad y el civismo (como también insistimos nosotros). Aunque exaltamos las virtudes de la titularidad comunitaria de la tierra, este tipo de propiedad solo puede ser efectiva si se exige responsabilidad. Solo si un fideicomiso comunitario rinde cuentas a la comunidad que sirve podrá este compartir su prosperidad de manera justa. Sin embargo, esta rendición de cuentas solo funciona si los residentes se sienten empoderados para saber que, a nivel individual y colectivo, cuentan con el poder de cuestionar, someter a escrutinio y hacer responsables a las personas que administran el fideicomiso.

Un fideicomiso comunitario es, por naturaleza, responsable ante las personas que habitan y rodean sus tierras. Por lo tanto, es primordial que la gobernanza y la administración del fideicomiso sean justas y equitativas. De lo contrario, una organización socialmente activa puede convertirse, en el mejor de los casos, en una sociedad paternalista, o, en el peor de los casos, en una entidad neofeudal que ejerce control de su comunidad, pero no le rinde cuentas. Un fideicomiso comunitario sin escrutinio ni gobernanza democrática puede convertirse en el peor de los arrendadores. Si es dominado por un pequeño grupo, fracasará, pues dejaría de ser dueño de la tierra del pueblo, por el pueblo y para el pueblo.

Un fideicomiso comunitario que tiene conocimiento y poder económico, que es socialmente responsable y regido por esos principios, y que tiene el compromiso de emplear prácticas sostenibles desde el punto de vista ecológico, es una organización que realmente está lista para tomar la antorcha de las ciudades jardín en el siglo XXI.

Es posible que para Howard haya sido un acto de fe crear una ciudad jardín, pero hoy sabemos que todos los principios de la ciudad jardín han sido comprobados en la práctica. Han sido implementados en asentamientos en todo el mundo. De forma individual, cada uno tiene un efecto positivo. Sin embargo, cuanto más de ellos podamos establecer y conectar, mayores serán sus resultados.

La ciudad jardín no es meramente una visión utópica o idealista, sino una visión práctica. Funciona. Puede crear una comunidad sostenible en términos sociales, económicos y ecológicos. Hay distintas razones para escoger un modelo basado en estos principios, pero la principal es advertir que dicho modelo producirá una comunidad exitosa y sostenible a largo plazo. Para aquellos que están considerando adoptar este modelo: ánimo, no están solos. La historia, la sensatez y un movimiento entero están listos para respaldarlos.

Notas

1. El movimiento artístico *Arts and Crafts* comenzó en Gran Bretaña cerca de 1880 y se extendió rápidamente en América, Europa y Japón. Inspirado en las ideas de John Ruskin y William Morris, abogaba por el resurgimiento de las artesanías tradicionales, un estilo de vida más sencillo y un avance en el diseño de los objetos domésticos comunes.

2. A pesar de su rápida expansión, el movimiento mundial de ciudades jardín se desorganizó con el surgimiento del movimiento modernista y con la Carta de Atenas, firmada a mediados de la década de los años treinta. Véase: Y. Cabannes y P. Ross, "Food Planning in Garden Cities: The Letchworth Legacy", RUAF Working Papers (Leyden: RUAF Foundation International Network of Resource Centres on Urban Agriculture and Food Security, 2018).

3. Philip Ross e Yves Cabannes, *21st Century Garden Cities of To-Morrow: A Manifesto* (2014).

4. D. Diacon, R. Clarke y S. Guimarães, S. (eds), *Redefining the Commons: Locking in Value through Community Land Trusts,* Joseph Rowntree Foundation (Coalville: Building and Social Housing Foundation, 2005).

5. Ebenezer Howard, *Garden Cities of To-Morrow* (Disponible en: *http://www.sacred-texts.com/utopia/gcot/gcot04.htm*).

6. En Letchworth, por ejemplo, el fideicomiso es el dueño de la tierra y capta el valor creciente de la tierra. En 2017, se informó que los bienes tangibles del fideicomiso, compuestos en su mayoría por las tierras donde está ubicada la ciudad, tenían un valor liquidativo de £146 millones, unos £12 millones más que en el año 2016 (LGC Heritage Foundation, 2018).

7. J.E. Davis, "A Community Land Trust Perspective on Building the Next Generation of Garden Cities", págs. 187–197 en Philip Ross e Yves Cabannes, op. cit.

2.

Terrenos comunes

La tenencia comunitaria de la tierra como plataforma para el desarrollo equitativo y sostenible[1]

John Emmeus Davis

Durante mucho tiempo, la tierra, la mano de obra y el capital se han considerado los factores de producción principales, independientemente de si el propósito es fabricar bienes duraderos en una planta industrial o revitalizar viviendas deterioradas en un vecindario residencial. Todo análisis de la viabilidad de un proyecto comienza con el estudio de dichos factores. Se dedica mucho pensamiento creativo a estos elementos esenciales para sopesar cuáles son las mejores maneras de ajustar su diseño, reducir costos y aumentar la eficacia. Este tipo de creatividad es particularmente importante en el desarrollo comunitario, pues la producción de bienes y servicios para las personas de recursos limitados tiene que subsidiarse, en gran medida, con fondos públicos o con donaciones privadas. Hay que usar el ingenio, estirar el dinero e invertirlo sabiamente para obtener el mayor provecho.

La tierra ha sido una notoria excepción a esta inclinación por la innovación. La experimentación ha sido la norma en el desarrollo comunitario cuando se trata de buscar nuevas formas de mejorar la infraestructura, incubar empresas, financiar la propiedad de viviendas o capacitar a trabajadores poco cualificados. Se ha dedicado menos ingenio aún al diseño de nuevas formas de adquirir, controlar y utilizar la tierra para hacer más habitables los lugares empobrecidos o para que los lugares prósperos sean más inclusivos.

Este patrón ha persistido a pesar de que existe un modelo innovador de desarrollo dirigido por la comunidad en tierras de propiedad comunitaria, que se ha propagado en los Estados Unidos y que, actualmente, se está arraigando en otros países. Este recurso no convencional para el desarrollo de comunidades, denominado fideicomiso comunitario de tierras, tiene tres características distintivas: 1) es una organización privada sin fines de lucro que actúa en nombre de una comunidad definida geográficamente, y que adquiere y retiene parcelas dispersas para distintos usos mediante un contrato de arrendamiento de la tierra a largo plazo; (2) los edificios residenciales y no residenciales ubicados en la

11

tierra que será arrendada se venden a dueños individuales (familias, cooperativas, agricultores, pequeñas empresas, etc.), cuyo derecho de propiedad está condicionado por controles de asequibilidad a largo plazo sobre el uso y la reventa de los edificios; y (3) la organización sin fines de lucro (propietaria del terreno) desarrolla y administra las tierras bajo la dirección de las personas que lo usan, ocupan sus viviendas o residen en las comunidades aledañas.

Una descripción breve de esta estrategia aplicada por los fideicomisos comunitarios de tierras y otras organizaciones no gubernamentales que operan de manera similar es: el desarrollo, dirigido por la comunidad, *de viviendas (y otros bienes) asequibles a perpetuidad en terrenos de propiedad comunitaria.* O una descripción más concisa aún: *el terreno común.*

Se puede construir cualquier tipo de edificio en tierras de propiedad comunitaria, pero, hasta la fecha, los fideicomisos comunitarios han dedicado la mayor parte de sus recursos a la producción y preservación de viviendas. Además, han desarrollado diferentes tenencias y tipos de viviendas ocupadas por inquilinos o por sus dueños en terrenos arrendados (todas a precios asequibles para personas de recursos limitados). Sin embargo, el fuerte de estos fideicomisos no es el desarrollo, sino la administración: cuidar estas viviendas durante mucho tiempo después de su creación. Los fideicomisos comunitarios han tenido éxito en mantener la asequibilidad en momentos de auge de los mercados de bienes raíces y han sido igual de eficaces en evitar la erosión del capital de los propietarios, la falta del mantenimiento necesario y la pérdida de hogares por ejecuciones hipotecarias cuando hay poca demanda en dichos mercados.

A pesar del éxito documentado en hacer realidad esta "administración anticíclica", muchas organizaciones sin fines de lucro en los Estados Unidos se han demorado en incorporar el terreno común en sus programas.[2] La explicación más simple para su renuencia es que el desarrollo de tierras comunitarias es un trabajo arduo, particularmente cuando los residentes de la comunidad tienen voz en las decisiones relacionadas con el uso y desarrollo del terreno. La mayoría de los desarrolladores de vivienda sin fines de lucro eligen un camino más fácil: venden las tierras locales y silencian las voces de la comunidad. Construyen viviendas a precios asequibles que resultan familiares para los financiadores públicos y prestamistas privados, mientras minimizan su responsabilidad de preservar la asequibilidad, calidad y seguridad de las viviendas pasada la etapa de construcción.

Este ensayo argumenta que los terrenos comunes merecen el esfuerzo adicional que requieren. Es una estrategia de redistribución que pone la propiedad y el poder en manos de personas que han sido privadas de ambas cosas. También es una defensa contra la pérdida, pues protege las batallas relacionadas con la propiedad y el empoderamiento, que se han ganado con mucho esfuerzo. En el caso de los barrios empobrecidos que necesitan revitalización, los fideicomisos comunitarios de tierras permiten que las inversiones y el desarrollo prosigan sin el desplazamiento masivo de familias de bajos ingresos, empresas de poca rentabilidad y espacios preciados que poblaron un área antes de que comenzara a mejorar. Por otro lado, en el caso de los vecindarios prósperos que carecen de diversidad económica y racial, estos fideicomisos permiten que se produzcan viviendas asequibles (a perpetuidad) para personas de bajos ingresos. En la plataforma del terreno común, el desarrollo equitativo y el desarrollo sostenible se convierten en dos caras de la misma moneda. Los lugares se vuelven más justos. La justicia prevalece.

I. REDISTRIBUCIÓN: EL EJERCICIO DEL DESARROLLO EQUITATIVO

Todas las investigaciones que analizan si el desarrollo de un lugar es equitativo comienzan con una pregunta que los planificadores urbanos hacen con menos frecuencia de la debida: *cui bono* (¿Quién se beneficia?). Lo opuesto es igual de pertinente: ¿Quién se perjudica? Cuando se hace una nueva inversión en un barrio, cuando se construyen nuevas viviendas, cuando las condiciones sociales mejoran y aumenta el valor de la tierra, en su mayoría, los beneficios serán para las personas necesitadas o para quienes ya tienen abundancia de propiedad y poder. Del mismo modo, las cargas del desarrollo se distribuirán de manera justa o recaerán desproporcionadamente sobre los hombros de quienes menos pueden sobrellevarlas.

Las estrategias y los resultados del desarrollo en sitio siempre se encuentran en algún punto del controvertido continuo entre estos polos. O se inclinan hacia la redistribución y desafían el panorama actual de desigualdad, o se inclinan hacia el refuerzo, lo que profundiza los patrones de privilegio en la estructura social establecida. El terreno común tiende a la redistribución. Es decir, inclina la balanza a favor de las personas que han sido excluidas de los beneficios de la riqueza originada en la terratenencia, y que no han tenido el poder de moldear el desarrollo en sus propios barrios, sean urbanos, suburbanos o rurales.

A. La reforma de la tierra en el ámbito comunitario: el argumento económico para los terrenos comunes

Los fideicomisos comunitarios de tierras son un híbrido de tres estrategias usadas en todo el mundo para redistribuir los recursos de la tierra y así lograr una distribución más equitativa de los ingresos y la riqueza. En términos de su compromiso con las tierras de propiedad comunitaria, estos fideicomisos son parte de una tradición colectiva de reformas de la tierra que transfieren fincas privadas o tierras públicas intactas a colectivos, cooperativas o aldeas organizadas.[3] En su compromiso de ampliar el acceso individual a tierras y edificios, los fideicomisos comunitarios son herederos de una tradición distribucionista en la que los terrenos concentrados se dividen en fincas más pequeñas y se ofrecen a familias, agricultores y empresarios. Y en su compromiso con la asignación justa de los valores crecientes de bienes raíces, son parte de una larga tradición de recuperación del valor que se remonta al "incremento social" de John Stuart Mill y se puede apreciar en la propuesta de Henry George de un impuesto único, y hasta en las ciudades jardín de Ebenezer Howard.[4]

Los fideicomisos comunitarios de tierras son singulares no solo por combinar estas tres tradiciones de reforma de la tierra, sino porque lo hacen en un nivel diferente al intentado previamente. La mayoría de los programas de reforma de la tierra han estado dirigidos a un país completo. En cambio, los fideicomisos comunitarios están diseñados para adaptarse a la geografía y las circunstancias de comunidades tan pequeñas como un barrio, una ciudad o un condado. Incluso cuando un fideicomiso sirve a una geografía mucho más grande, los beneficios económicos de los terrenos comunes se obtienen en el micronivel del vecindario y el hogar.

El terreno común es una base versátil sobre la que se puede construir cualquier tipo de edificio y asegurar todo tipo de usos de la tierra. Si bien la mayor parte de la actividad de los fideicomisos comunitarios se ha centrado en ampliar el acceso a viviendas asequibles, sus terrenos también se han usado para desarrollar centros comunitarios, guarderías infantiles, espacio de oficina para otras organizaciones no gubernamentales, y edificios comerciales para tiendas minoristas del barrio. Las tierras de propiedad comunitaria se han arrendado con fines de agricultura comercial y para la creación de huertos y viveros comunitarios. En áreas más rurales, los fideicomisos comunitarios se han usado como herramienta para que los pequeños agricultores mantengan el acceso a tierras productivas.

Aunque algunos están muy involucrados en el desarrollo de viviendas de alquiler, la prioridad de la mayoría de estos fideicomisos en los EE. UU. es facilitar la adquisición de viviendas propias. Con la asistencia dada a personas de bajos ingresos para la adquisición de vivienda propia, ya sea en casas, casas adosadas, condominios o cooperativas, estas familias se encaminan hacia la estabilización de sus finanzas y, con el tiempo, a una mayor riqueza personal.

Los fideicomisos comunitarios no son las únicas organizaciones que usan subsidios públicos y donaciones privadas para dar mayor acceso a la propiedad de viviendas. No obstante, las tierras de propiedad comunitaria y el arrendamiento del terreno a largo plazo tienen dos ventajas significativas que fomentan la prosperidad económica de personas de bajos ingresos ayudándoles a comprar un hogar.

En primer lugar, el terreno común es un escudo eficaz contra las crisis financieras que pueden despojar a las personas de bajos ingresos de la prosperidad que creyeron adquirir al comprar un hogar. Una lección dolorosa de la Gran Recesión fue que la riqueza personal dependiente de bienes raíces residenciales es más volátil de lo que se presume comúnmente. Los propietarios de viviendas solo acumulan riqueza si pueden mantenerlas, lo cual no fue posible para muchos cuando ocurrió la recesión y el colapso del mercado hipotecario. Entre 2007 y 2012, se ejecutaron 12.5 millones de viviendas compradas a precio de mercado y ocupadas por sus dueños en los Estados Unidos. Las comunidades de color sufrieron las peores consecuencias debido, en gran medida, a una incidencia mayor de viviendas hipotecadas con préstamos de alto riesgo, tasa variable y alto costo.[5]

A los propietarios de viviendas con restricciones de reventa desarrolladas por fideicomisos comunitarios les fue mucho mejor; la tasa de incumplimiento y ejecución hipotecaria durante la peor parte de la Gran Recesión equivalió a una décima parte de la tasa enfrentada por los dueños de viviendas regidas por el valor del mercado.[6] La diferencia estriba en que los primeros contaban con un socio que servía como intermediario protector entre ellos y sus prestamistas. Al inicio del proceso de préstamo, el fideicomiso comunitario permaneció a su lado para revisar y aprobar las hipotecas propuestas con el fin de evitar prácticas prestamistas abusivas. Más adelante, en caso de que los propietarios de viviendas con restricciones de reventa se atrasaran en sus pagos, el fideicomiso estaba listo para actuar en su nombre, intervenir para detener la ejecución hipotecaria y evitar la pérdida de riqueza de la familia. El régimen de administración del fideicomiso no solo fue eficaz en preservar la asequibilidad para la próxima generación de compradores, sino que además demostró su eficacia en la preservación del capital invertido y ganado por la generación actual de compradores.

Los fideicomisos comunitarios de tierras también han demostrado ser excepcionalmente eficaces en capturar y distribuir la riqueza originada en la terratenencia entre diferentes generaciones. Lo hacen impidiendo la eliminación de subsidios públicos y privados invertidos en las viviendas de propiedad privada ubicadas en sus terrenos. Las subvenciones mantenidas para las viviendas del fideicomiso comunitario (junto con gran parte del aumento en valor de una vivienda) reducen el precio para los próximos compradores. De este modo, la riqueza originada en la terratenencia se comparte entre diferentes generaciones de compradores. Esta hazaña de redistribución, lograda por medio de una fórmula de precio y una opción de tanteo y retracto (incluidas en el contrato de arrendamiento del terreno), hace que el fideicomiso comunitario sea cónsono con la tradición reformista de recuperación del valor de la tierra, introducido por Henry George y Ebenezer Howard, pero añade un énfasis en el ámbito comunitario que ninguno consideró.

B. Empoderamiento comunitario: el argumento político para los terrenos comunes

Una fortaleza particular de las tierras de propiedad comunitaria es la oportunidad ofrecida a una comunidad para imponer su voluntad sobre lo que se desarrollará allí y la manera de hacerlo. Es decir, la toma de decisiones colectivas para el bien común. Como dijo Harry Smith sobre el fideicomiso comunitario de tierras creado por la Dudley Street Neighborhood Initiative en Boston: "El fideicomiso no existe solo para adquirir y administrar terrenos. En realidad, se trata de involucrar a la comunidad para que sus miembros decidan colectivamente lo que quieren en su tierra".[7]

Las tierras de propiedad comunitaria proveen una base para el desarrollo dirigido por la comunidad. Esto abarca más que simplemente abrir el proceso de planificación de un desarrollador para incluir la participación comunitaria invitando a los residentes a expresar sus opiniones sobre el tipo de mejoras necesarias para que su barrio sea más agradable, seguro o asequible. Una organización sin fines de lucro que posee y administra contratos de arrendamiento tiene una ventaja en la creación de un apego comunitario capaz de defender y promover los intereses de todas las personas que viven allí.

1. Poder compartido

Entre las innumerables organizaciones no gubernamentales dedicadas al desarrollo comunitario en los Estados Unidos, se puede notar una disminución considerable en las que incluyen estrategias y estructuras participativas en sus organizaciones y operaciones. Son demasiadas las que se han desviado de lo que solía ser un artículo de fe entre las organizaciones sin fines de lucro dedicadas a proveer vivienda a personas de bajos ingresos o a revitalizar barrios de escasos recursos; a saber, una creencia fundamental de que los beneficiarios de los proyectos y servicios de cierta organización deben tener voz tanto en la planificación de estas actividades como en la dirección y gobernanza de la organización que las realiza.

Un compromiso filosófico con la gobernanza democrática puede ayudar a detener dicho desvío, aunque esto no es un asunto exclusivo de los fideicomisos comunitarios de tierras. Lo que sí es único de estos fideicomisos es la necesidad práctica de prever y manejar el riesgo de descontento de los arrendatarios. Las relaciones entre los propietarios y arrendatarios no siempre son fáciles y pueden llegar a ser totalmente accidentadas; esto es una posibilidad que siempre está presente en las particularidades y complejidades implicadas en el hecho de que haya dos propietarios en el mismo terreno. El anhelo de reducir la gravedad de estos conflictos y de proteger su propia reputación en la comunidad general puede ser un fuerte incentivo para que un propietario de tierras sin fines de lucro cree una estructura y una cultura que permitan la participación de los arrendatarios del terreno. La forma más fácil para que una organización sin fines de lucro asegure que sus beneficiarios sean partidarios en lugar de detractores es crear una alianza para incluirlos en la dirección y gobernanza de la organización.

El costo es un factor en este cálculo. El régimen de conservación menos costoso será aquel que practique el cumplimiento habitualmente y no requiera fiscalización al respecto; un régimen en el cual los ocupantes de edificios con precios limitados se controlan a sí mismos y respetan voluntariamente las condiciones contractuales impuestas a sus hogares. Es más probable que se cumpla con estas restricciones si los ocupantes de los hogares tienen participación directiva en las actividades de la organización que administra la tierra bajo sus pies y supervisa los edificios donde viven.

2. Desarrollo de poder

Una organización sin fines de lucro que mantiene terrenos en nombre de una comunidad y arrienda la tierra no puede limitar sus actividades al desarrollo. También tiene que educar y organizar. Esto se debe a que, en ocasiones, los arrendatarios del terreno pueden insistir en que el encargado intervenga en su nombre. Por otro lado, las dificultades implicadas en esta forma de tenencia no convencional hacen necesario que un arrendador sin fines de lucro cree conciencia y aceptación al mismo tiempo que construye viviendas. Los mismos factores que dificultan aún más la implementación y administración del arrendamiento de la tierra tienden a obligar a toda organización sin fines de lucro arrendadora de terrenos a comportarse (a veces) como un organizador comunitario y a usar (en ocasiones) todo el poder que haya acumulado para defender sus intereses y los de sus arrendatarios y su comunidad.

El desarrollo de poder de un fideicomiso comunitario de tierras comienza con el "público cautivo" de los propietarios de estructuras de las tierras comunales. Como ha observado Jesse Myerson: "Cuando la tierra se retira del mercado privado, se desmercantiliza y se transfiere a las personas que viven allí para que asuman su tenencia y administración, la misma crea y renueva sus propios partidarios políticos".[8] Este apoyo crece gracias a la versatilidad del contrato de arrendamiento de la tierra, que permite hacer cualquier tipo de desarrollo en los terrenos comunitarios. Cuando una organización sin fines de lucro aprovecha esta versatilidad al máximo, los comerciantes, proveedores de servicios y jardineros comunitarios se suman al grupo de arrendatarios residenciales, lo que amplía la base de apoyo de un fideicomiso comunitario de tierras.

C. Desarrollo justo: el argumento de preservación para los terrenos comunes

La mayoría del desarrollo en sitio está dirigido a reconstruir, enérgicamente, lugares empobrecidos donde la falta de inversión ha llevado a condiciones desfavorables para la supervivencia y prosperidad de todos los residentes. Sin embargo, este desarrollo también podría estar dirigido a localidades prósperas donde la abundancia de inversiones (combinada, quizás, con una dosis perniciosa de zonificación discriminatoria) ha elevado los valores de la tierra y dejado poco espacio para viviendas asequibles, lo que, en efecto, excluye a las personas pobres y las de color. El desarrollo equitativo no se trata solamente de mejorar los peores lugares; también se trata de abrir las puertas de los mejores lugares.

En ambas situaciones, el dilema especial de los expertos comprometidos con generar resultados equitativos es cómo proteger los beneficios redistributivos logrados en el presente contra su erosión progresiva por la fuerzas del mercado en el futuro, y, más aún, cómo evitar la aceleración inadvertida de este proceso por el propio éxito que ha tenido algún experto en transformar un barrio. El argumento de preservación aborda este dilema directamente aduciendo que los terrenos comunes pueden sentar la base para el desarrollo equitativo y sostenible, y así permitir la implementación de ambos.

1. No hacer daño

Las agencias públicas, las fundaciones privadas y las diversas organizaciones de desarrollo comunitario rara vez planifican el éxito cuando intentan mejorar barrios desfavorecidos. Parecen ser incapaces de imaginar el día en que sus esfuerzos logren que los valores de la propiedad así como las presiones del mercado aumenten y representen una amenaza al bienestar de la población desfavorecida que querían ayudar. Al estar tan centrados en hacer algo bueno por los lugares con necesidades urgentes, estos intervencionistas bien intencionados no ofrecen protección alguna contra la posibilidad de que algo vaya mal en el futuro.

Si el desarrollo equitativo es la meta, la planificación del éxito comienza reconociendo abiertamente el sufrimiento que el desarrollo en sitio a menudo inflige contra las personas en condiciones económicas precarias, y asumiendo la responsabilidad de tomar medidas para prevenirlo. A la luz de esto, cualquier financiador o experto que intervenga en un barrio de escasos recursos con la intención de mejorar la calidad de vida de sus residentes debe acercarse a estos lugares con la misma cautela y humildad que dicta el Juramento Hipocrático: "Velar por que no sufran daños".

Una de las mejores maneras de "velar" es que una comunidad "defienda lo suyo y sea dueña de la tierra" [*take a stand, own the land*], como decía el lema organizador de la Dudley Street Neighborhood Initiative (DSNI). En la década de los años setenta, los residentes del barrio Roxbury dieron la bienvenida a la posibilidad de que el desarrollo orientado al transporte atrajera inversiones a un área que había experimentado décadas de discrimen financiero, abandono e incendios intencionales para obtener beneficios. Pero también les preocupaba que a raíz de estas inversiones aumentaran los alquileres y precios, y, por ende, se desplazara a las familias de ingresos limitados. La solución promovida por la DSNI fue comenzar a adquirir un porcentaje significativo de los terrenos del barrio antes de que quedaran atrapados por las fuerzas del mercado que desataría la inversión del Gobierno en la infraestructura. En 1988, la DSNI estableció una subsidiaria del fideicomiso, llamada Dudley Neighbors Inc. (DNI), para retener esos terrenos y preservar la asequibilidad de toda vivienda de alquiler y vivienda cooperativa, así como de casas y viviendas dúplex o triplex ocupadas por sus dueños, construidas en dichos terrenos.[9]

En el barrio Tenderloin de San Francisco, se aplicó una estrategia similar en la que una antigua alianza entre agencias municipales y proveedores de vivienda asequible sin fines de lucro tuvo como resultado un flujo constante de terrenos transferidos a la propiedad social a lo largo de muchos años:

> A partir de los años setenta e ininterrumpidamente durante décadas desde entonces, los activistas de Tenderloin, en colaboración con el Gobierno de la ciudad y un grupo sólido de socios sin fines de lucro, compraron u obtuvieron el control de una gran parte de los bienes raíces de la zona... Es una buena estrategia "para todos" que otros barrios en proceso de gentrificación podrían descartar por considerarla fantasiosa. Pero en el barrio Tenderloin, el control comunitario de la tierra posibilita que los líderes de la comunidad asuman el riesgo de mejorar el vecindario sin la preocupación de que las nuevas inversiones desplacen a las personas de bajos ingresos... De hecho, esta estrategia de seguir adquiriendo terrenos y de establecer controles de asequibilidad permanente es, probablemente, el único método que puede combatir la gentrificación con éxito.[10]

Al igual que una sombrilla no puede detener la lluvia, las tierras de propiedad comunitaria no pueden impedir que las fuerzas del mercado azoten un barrio. No pueden evitar que las personas ricas se muden a un área de bajos ingresos que se ha vuelto atractiva para compradores de casas y empresarios, quienes, al prever mejoras en la zona, ahora están dispuestos a establecer sus hogares y negocios allí. Lo que puede hacer la tierra comunitaria es evitar que las personas pobres se ahoguen en el diluvio. Es una defensa contra el desplazamiento, pues protege las viviendas a precios asequibles que los financiadores y expertos en el campo han creado con gran esfuerzo. También evita el arrasamiento de las periferias de seguridad y oportunidad que están bajo amenaza.

La vivienda asequible no es el único uso de la tierra "inferior" que se ve amenazado cuando los barrios mejoran. Lo mismo es cierto para muchos usos de terrenos no residenciales que sirven y emplean a personas de recursos modestos. El terreno común también puede ser una defensa contra el desplazamiento en estos casos. Una organización comunitaria que mantiene la tierra subyacente a una variedad de edificios y que arrienda terrenos para diversos propósitos puede evitar la pérdida de fábricas pequeñas, establecimientos comerciales, espacios de artistas y campos abiertos sometidos a la presión ejercida cuando los valores de los bienes raíces aumentan rápidamente. También puede preservar empresas cooperativistas que podrían verse tentadas a "desmutualizar" la empresa cuando esta prospera.[11]

En los barrios que experimentan mejoras rápidas, se pueden identificar lugares particularmente vulnerables que Ray Oldenburg ha llamado "terceros lugares".[12] Se trata de espacios informales de celebración donde los vecinos se reúnen y se hace comunidad. A menudo, los huertos comunitarios son los espacios más amenazados en barrios con grandes concentraciones de personas de bajos ingresos. Cuando un barrio sufre una depresión económica, la oferta de terrenos para huertos comunitarios es abundante y poco costosa. En ocasiones, cuando el barrio se recupera y los valores de la tierra aumentan como resultado de la inversión pública o porque los residentes rehabilitan lotes vacíos para crear jardines herbosos, los terceros espacios dedicados a la agricultura urbana son los primeros en eliminarse.

En resumen, los terrenos comunes pueden servir como una protección duradera para las personas, los usos y los espacios que subsistieron en lugares desfavorecidos mucho antes de que comenzaran a mejorar. Pueden ayudar a asegurar que los beneficios del desarrollo no vayan principalmente a los pocos que tuvieron la previsión y la fortuna de comprar los bienes raíces de un barrio a precios deprimidos. También pueden ayudar a asegurar que las cargas del desarrollo no recaigan desproporcionadamente en las personas menos capaces de sobrellevarlas. En lugares donde la marea económica ha cambiado, a menudo como resultado directo o indirecto de la intervención de financiadores públicos, fundaciones privadas y desarrolladores sin fines de lucro, los terrenos comunes pueden inclinar la balanza de la prosperidad hacia la justicia.

2. Lograr que perdure

Las condiciones de supervivencia y prosperidad para las personas de escasos recursos no solo faltan en lugares pobres, sino también en muchos lugares prósperos. Esto se debe, generalmente, a la escasez de viviendas asequibles. Si bien hay personas de bajos ingresos que trabajan o hacen compras en vecindarios, suburbios y pueblos opulentos, con frecuencia quedan excluidas de vivir allí porque los alquileres y precios están totalmente fuera de su alcance.[14]

La apertura de enclaves privilegiados que, por lo general, excluyen a las familias de bajos ingresos y a las personas de color ha sido tan prioritaria para los fideicomisos comunitarios en los EE. UU. como hacer mejoras en barrios empobrecidos donde se concentran las poblaciones desfavorecidas. En la actualidad, hay muchos más fideicomisos trabajando en áreas con viviendas de precios altos que en zonas con precios deprimidos. A pesar de las diferencias entre las ciudades de mercado próspero y las de mercado débil, a menudo comparten la falta de atención de los formuladores de política pública en cuanto a proteger lo logrado para mejorar las condiciones de las personas de recursos limitados. También es similar la función de preservación que se les ha pedido desempeñar a los fideicomisos comunitarios de tierra.

La mayoría de las viviendas a precios asequibles ubicadas en áreas prósperas no existirían sin la inversión de fondos públicos de una agencia federal, estatal o municipal; sin la imposición de mandatos municipales como la zonificación inclusiva; o sin la beneficencia de bonos de densidad, exenciones de estacionamiento, deducciones contributivas, donaciones de tierras, ampliaciones de infraestructura y otros incentivos. Tanto la intervención como la generosidad del Gobierno son esenciales para que las viviendas recién construidas sean "asequibles" y puedan alquilarse o venderse a precios por debajo del mercado que estén al alcance de las personas en la parte inferior de la escala de ingresos.

Sin embargo, en demasiados lugares esta asequibilidad sumamente subvencionada no está diseñada para durar mucho tiempo. De haber restricciones, estas se imponen a los alquileres y reventas que pueden caducar después de cinco, quince o treinta años. Entonces, los precios pueden aumentar rápidamente conforme al mercado. Los subsidios públicos terminan en bolsillos privados. Las personas de bajos ingresos quedan desplazadas. Durante décadas, esta pérdida programada de viviendas privadas subsidiadas con fondos públicos ha sido una característica dominante en la mayoría de las políticas de vivienda en todos los niveles del Gobierno de los Estados Unidos.

La aceptación pasiva del desgaste planificado de la vivienda subvencionada se vio sacudida por la crisis de asequibilidad de las décadas de los años ochenta y noventa, y por la crisis de ejecuciones hipotecarias de la Gran Recesión de 2007 a 2009. Estas alteraciones causaron un cambio a regañadientes en las placas tectónicas de las políticas de vivienda estadounidenses. En el ámbito municipal, en particular, se comenzó a prestar mayor atención a evitar la pérdida de viviendas subsidiadas por el Gobierno, ya fuera a causa de los precios del mercado, el mantenimiento diferido o las ejecuciones hipotecarias.[16] Esto fue más notable en mercados fuertes donde se usaban medidas reglamentarias, como la zonificación inclusiva, para hacer realidad estas viviendas. El desempeño decepcionante de muchas de las primeras ciudades que adoptaron programas de vivienda inclusiva, donde se perdieron miles de hogares a precios asequibles por imponer controles de asequibilidad a corto plazo, fue una lección correctiva para las que vinieron luego. Los funcionarios municipales comenzaron a prestar más atención a preservar la asequibilidad de la vivienda inclusiva durante un periodo mucho más largo.[17] La administración de las viviendas se volvió prioritaria en la agenda pública.

Como la administración es el fuerte los fideicomisos comunitarios de tierras, surgió la oportunidad para demostrar su capacidad de lograr lo que las tenencias y los programas convencionales no pueden hacer. Los fideicomisos comunitarios se mantienen presentes durante mucho tiempo después de la creación de viviendas asequibles para asegurarse de que perduren. En este sentido, son los mayores defensores del patrimonio; actúan para garantizar la asequibilidad duradera y el mantenimiento constante de viviendas privadas, mientras ayudan a asegurar el éxito continuo de los propietarios o inquilinos que las ocupan. Según dijo Connie Chávez, la exdirectora ejecutiva del Fideicomiso Comunitario de Tierras de la Comunidad Sawmill en Albuquerque, Nuevo México: "Somos el desarrollador que no se va".

II. ADAPTABILIDAD: EL EJERCICIO DEL DESARROLLO SOSTENIBLE

Los fideicomisos comunitarios de tierras no son la única manera de preservar la vivienda asequible creada con ayudas gubernamentales o de alguna organización benéfica privada. Con frecuencia, los funcionarios gubernamentales y los profesionales de la vivienda aprovechan otros modelos y mecanismos que consideran equivalentes a un fideicomiso comunitario para desempeñar esta función de administrador. Desde su perspectiva, "no importa" cuál sea el método usado mientras se conserven los subsidios, se perpetúe la asequibilidad y se ayude a los propietarios (e inquilinos) a quedarse con sus hogares.[18]

Dicha presunción de equivalencia puede ser cierta, siempre y cuando nada salga mal, pero es posible que sea difícil lograr estabilidad. Las fortunas de las personas de bajos ingresos, de los barrios de escasos recursos y de las organizaciones sin fines de lucro que les sirven fluctúan constantemente y su precariedad es inevitable. Por ejemplo, algunos desarrolladores privados de viviendas subvencionadas pueden intentar eludir con engaños las restricciones de asequibilidad y elegibilidad impuestas a sus propiedades. Entre los dueños de viviendas con restricciones de reventa, pueden ocurrir retrasos en la realización de reparaciones o morosidad en el pago de sus hipotecas. En el caso de las organizaciones encargadas de la administración, puede haber fallas en su intervención cuando hay viviendas en riesgo. Además, es posible que haya deficiencias en las organizaciones, que les impidan prosperar o que las hagan fracasar en sus responsabilidades de administración.

En aras de preservar la vivienda asequible, el sistema contractual y organizativo aplicado para hacerla perdurar debe ser capaz de lidiar con estas dificultades. Debe poder manejar situaciones en las que las personas y organizaciones se comporten inadecuadamente. No solo debe prepararse para el éxito, sino también para el fracaso. En una sola palabra, el sistema de administración debe ser adaptable.

Del mismo modo que el desarrollo equitativo gira en torno a la pregunta de "quién se beneficia", el desarrollo sostenible depende del cuestionamiento "durante cuánto tiempo" (los expertos en el campo aspiran a que la respuesta sea "para siempre"). Estas inquietudes se superponen; hacer que el desarrollo sea justo y lograr que sea duradero son acciones paralelas. El desarrollo en sitio solamente es justo cuando puede sostenerse. Y solo merece la pena sostenerlo si es justo.

Para efectos de este análisis, la sostenibilidad se expresa de forma limitada en términos de la preservación de viviendas asequibles y otras instalaciones, actividades y áreas puestas a la disposición de personas con escasos recursos, en lugar de en términos de la conservación de los recursos naturales de un planeta limitado (el significado más conocido de "desarrollo sostenible").[19] Delimitamos el análisis aún más para centrarnos en la preservación de viviendas con restricciones de reventa, y ocupadas por sus dueños, ubicadas en terrenos de un fideicomiso comunitario de tierras. Esto ofrece un caso de prueba que muestra cómo el modelo puede funcionar en circunstancias difíciles. Si la asequibilidad, calidad y seguridad de las viviendas ocupadas por sus dueños tienden a perdurar por estar situadas en terrenos de un fideicomiso comunitario, entonces otros tipos de vivienda y tenencia deberían ser sostenibles también.

Mi argumento es que, en términos de sostenibilidad y de preservar la propiedad de viviendas a precios asequibles ante las presiones y condiciones variables del mercado, el terreno común no es "equivalente" a otros modelos y mecanismos. Es mejor. El arrendamiento de tierras comunitarias a largo plazo tiene ventajas que otros métodos de administración no pueden igualar. Dichas ventajas permiten que un fideicomiso comunitario se mantenga funcionando bien, incluso ante la adversidad.

A. Intervención confiable:
el argumento operativo para los terrenos comunes

Operativamente, los fideicomisos comunitarios de tierras están en una liga independiente cuando se les asigna la responsabilidad de cuidar los hogares que tienen a su cargo. Como son propietarios de la tierra donde están ubicadas las viviendas con restricciones de reventa, es más probable que los fideicomisos comunitarios sepan si sus propietarios están enfrentando problemas. También tienen una mayor probabilidad de ganar las negociaciones con acreedores privados para evitar que dichos problemas causen la pérdida de tierras y edificios de la cartera de la organización. Por último, es más probable que intervengan cuando surgen problemas.

1. Inteligencia

Para lograr una administración efectiva, es fundamental enterarse de las dificultades mucho antes de que se agraven al punto de que solucionarlas resulte demasiado costoso. Una ventaja particular de las tierras de propiedad comunitaria es que el contrato de arrendamiento incluye un "sistema de alerta temprana" formal e informal, del que carecen otros programas que ayudan a familias de bajos ingresos a adquirir una vivienda propia.

Los componentes formales de este sistema son: (1) el cobro de cuotas a los propietarios de estructuras por el arrendamiento de la tierra; y (2) el aviso de los acreedores de cualquier morosidad hipotecaria. Los ingresos recaudados con dichas cuotas sirven para cubrir parte de los costos operativos del fideicomiso, pero también cumplen otra función: dan al personal del fideicomiso comunitario una pista periódica sobre la situación de los arrendatarios del suelo. Cuando tienen problemas económicos, lo primero que los dueños de edificios en terrenos arrendados dejan de pagar son las cuotas de arrendamiento al propietario benevolente de la tierra. Por lo general, un patrón de pagos tardíos o la acumulación de retrasos son señales de problemas más graves, que avisan al fideicomiso comunitario sobre la necesidad de intervenir.

La mayoría de los fideicomisos comunitarios que venden viviendas en terrenos arrendados tienen una segunda alerta integrada a su sistema. Pasan a ser parte de las hipotecas de las casas o condominios. Los acreedores se comprometen a notificar al fideicomiso cuando algún propietario de vivienda esté gravemente atrasado en sus pagos. Podrían hacer lo mismo al recibir una solicitud para refinanciar una vivienda en terrenos arrendados. Estas notificaciones alertan al fideicomiso sobre cambios en las circunstancias económicas de un arrendatario, que podrían poner en riesgo la capacidad del propietario de quedarse con su casa.

Los componentes informales del sistema de alerta temprana del arrendador son: (1) la relación continua entre el fideicomiso y el arrendatario; y (2) la visibilidad constante del fideicomiso ante los vecinos y funcionarios de la ciudad. La propia estructura del arrendamiento de terrenos requiere que el fideicomiso y los propietarios de viviendas se mantengan comunicados y, en cierta medida, que tengan una buena relación. Si la relación es buena, es más probable que los propietarios de estructuras ofrezcan información sobre cualquier problema económico que enfrenten, lo que permite que el fideicomiso pueda ayudarlos. Esta unión por conveniencia se forja durante el inicio del proceso de preparación de posibles compradores para vivir en los terrenos del fideicomiso. Según cuenta Devika Goetschius, directora del fideicomiso comunitario de Petaluma, California, "durante todas las clases educativas para compradores de viviendas del fideicomiso comunitario, he mirado a cada persona a los ojos y le he dicho: si sus circunstancias económicas cambian, para bien o para mal, comuníquese conmigo". Y así lo hacen con admirable regularidad.[20]

Sin duda, cualquier organización que sirva como administrador de viviendas con restricciones de reventa y ocupadas por sus dueños puede establecer una relación de confianza con las personas que compran las viviendas de la organización. Mi argumento es que es más probable que este vínculo se forme en los programas cuyo administrador es también dueño de la tierra subyacente. Esto se debe, en parte, al vínculo material y psicológico entre el fideicomiso y el propietario de la vivienda, pero también tiene que ver con el hecho de que otras partes externas hacen recordatorios constantes al fideicomiso sobre dicha relación. Es probable que los vecinos se quejen con el fideicomiso si las casas no se mantienen en buen estado o si los lotes se llenan de automóviles chatarra. También es probable que los funcionarios de la ciudad notifiquen al fideicomiso cuando ocurran violaciones de los códigos de construcción o zonificación, o si los propietarios no pagan las cuotas especiales o los impuestos sobre la propiedad. Estas querellas proveen al personal de un fideicomiso comunitario una valiosa inteligencia directa de cualquier problema inminente con su cartera de viviendas con restricciones de reventa.

2. Ventajas influyentes

Ser el propietario de la tierra subyacente ofrece al fideicomiso una gama de opciones más amplia para tratar con algún dueño de vivienda que no esté cumpliendo con las disposiciones de su contrato de arrendamiento; por ejemplo, no ocupar la vivienda como su residencia principal o no mantener el hogar en buen estado. El mayor recurso que tiene el fideicomiso para lograr el cumplimiento es la amenaza de desalojo, pero los contratos de arrendamiento también incluyen una serie escalonada de advertencias menos drásticas, penalidades, arbitraje y oportunidades para tomar medidas cautelares. Casi todas las violaciones se corrigen mucho antes de que el fideicomiso llegue a la dificultosa decisión de desalojar a un propietario.

Ser el propietario de la tierra también ofrece una gran ventaja al fideicomiso para negociar con los acreedores privados y públicos que tengan la hipoteca de un hogar que enfrenta dificultades. Lo que se hipoteca en la mayoría de los programas de arrendamiento de la tierra (y lo que un acreedor puede incautar si se incumplen los términos del préstamo) es el edificio, no el terreno. Esto fortalece la posición del fideicomiso comunitario, pues multiplica sus posibilidades de lidiar con la morosidad y las ejecuciones hipotecarias. El acreedor puede contar con la cooperación del fideicomiso para negociar un plan de reestructuración de deuda con el propietario, de modo que no se ejecute la hipoteca y se conceda un tiempo para resolver la morosidad. Por otro lado, el fideicomiso puede aceptar una escritura de la propiedad en lugar de la ejecución de parte del propietario. O puede decidir comprarle la vivienda al acreedor después de la ejecución hipotecaria.

En resumen, aun cuando una casa (u otro edificio) enfrenta la amenaza de ejecución hipotecaria, e incluso si llega a ocurrir, el fideicomiso comunitario de tierras permanece obstinadamente en la ecuación.[21] No es posible pasar por alto la presencia, los intereses y los poderes del fideicomiso.

3. Intervenciones

Es probable que cualquier organización no gubernamental que haya aceptado servir como administradora a largo plazo de viviendas con restricciones de reventa se reserve el derecho de intervenir para preservar las oportunidades de propiedad de la vivienda que ha logrado con gran esfuerzo, independientemente de si se otorga esta autoridad mediante un contrato de arrendamiento de la tierra, una escritura de garantía o cualquier otro mecanismo. Pero tener el derecho de intervenir no es lo mismo que tener la voluntad de hacerlo. En este sentido, el arrendamiento a largo plazo de tierras comunitarias lleva la delantera.

No es que las personas que dirigen los fideicomisos comunitarios sean más virtuosas o enérgicas que los líderes de otras organizaciones no gubernamentales. Más bien, tienen un incentivo mayor para intervenir si surgen problemas. Cuando los hogares administrados por el fideicomiso están ubicados en sus tierras, es más difícil para este pasar por alto sus responsabilidades administrativas. Dicho con franqueza: al fideicomiso no le queda otro remedio. ¿Esos edificios faltos de mantenimiento? Están en la tierra del fideicomiso. ¿Esas viviendas con hipotecas o impuestos atrasados? Están en la tierra del fideicomiso. Y todo el mundo lo sabe, particularmente las agencias gubernamentales que donaron o prestaron dinero al fideicomiso para desarrollar dichas viviendas.

Ante los muchos disuasivos a la intervención, incluidos el tiempo requerido, el dinero en juego y el riesgo de molestar a los propietarios que prefieren que no intervengan con ellos, los administradores que usan mecanismos distintos a los contratos de arrendamiento de la tierra tienden a decidir que el costo es demasiado alto como para hacer el esfuerzo adicional de rescatar una propiedad en dificultades. Al ser dueño de la tierra, este análisis tiende a la dirección opuesta y crea un incentivo para actuar que supera la renuencia a hacerlo. En este sentido, el arrendamiento de la tierra es lo que los economistas del comportamiento llaman un *dispositivo de compromiso*[22]; el mismo obliga a un fideicomiso comunitario de tierras a cumplir sus promesas, pues aumenta el riesgo de afectar su reputación si no interviene para proteger los edificios ubicados en sus terrenos. La administración es más efectiva cuando la organización encargada de la misma no solo vigila, sino que se involucra y compromete con una red benévola de su propia creación, obligada a hacer lo correcto incluso cuando se ve tentada a hacer caso omiso.

B. Fracasos controlados:
el argumento organizativo para los terrenos comunes

Una función poco valorada de los terrenos comunes es que, por lo general, disminuyen la probabilidad del fracaso de la organización y, en el caso de que un fideicomiso comunitario comience a fracasar, mitigan sus dificultades o decadencia. Los terrenos comunes otorgan mayor adaptabilidad a los regímenes de administración.

Parece ser contraproducente mencionar el fracaso mientras se exaltan las virtudes de las tierras comunitarias y el arrendamiento de terrenos a largo plazo, pero lo que se pretende enfatizar es lo que se conoce como "fracaso controlado". Es un principio tolerante a fallos, proveniente del campo de la ingeniería y la informática, en el que los sistemas complejos están diseñados para continuar operando adecuadamente incluso si uno de los componentes falla. Los ingenieros no se trazan el objetivo imposible de construir una red de transporte, un sistema eléctrico o un programa informático que nunca falle, sino que se esfuerzan por crear sistemas sólidos y adaptables. Al someterlos a condiciones extremas, estos sistemas pueden torcerse, pero no se rompen. Si colapsan, lo hacen con suficientes advertencias y copias de respaldo para proteger sus componentes más valiosos.

El fracaso controlado está integrado en el diseño del sistema de provisión de viviendas siempre que se incluya la administración como un resguardo para las familias de escasos recursos y los hogares de bajo costo asistidos con fondos públicos o privados. Un régimen de administración disminuye las probabilidades de fracasar. También ayuda a garantizar que en caso de fracasos, los cuales no pueden evitarse por completo cuando se trabaja con personas vulnerables económicamente, bienes vulnerables estructuralmente y sistemas intrincados de reglamentación, financiamiento y subvención de viviendas asequibles, dichos fracasos no resulten catastróficos. Los hogares tienen más probabilidades de perdurar cuando un régimen de administración es parte del trato.

Anteriormente, se argumentó que la eficacia operativa de un régimen de administración se refuerza cuando el administrador es dueño de la tierra donde están los edificios residenciales que tiene a su cargo. Pero, ¿qué podemos decir sobre la eficacia organizativa del administrador? Si es cierto que una organización tiene que permanecer presente y vigilante durante muchos años para preservar la asequibilidad, calidad y seguridad, entonces la administración siempre dependerá de la viabilidad de la organización. Debe tener la capacidad de hacer el trabajo y de sobrevivir. El administrador también debe estar diseñado para perdurar.

Una de las mejores maneras de garantizar que un fideicomiso comunitario de tierras perdure es crear una cartera diversa de activos que generen ingresos, y así reducir la dependencia de fondos externos. En este sentido, el arrendamiento de la tierra puede contribuir significativamente al sostenimiento financiero del fideicomiso, según los activos de la organización. Las cuotas de arrendamiento cobradas a los propietarios de edificios ubicados en los terrenos del fideicomiso pueden usarse para cubrir una parte creciente de los costos de operación, particularmente los incurridos para cumplir con las responsabilidades administrativas. Además, cuando esa cartera incluye viviendas multi-familiares de alquiler en terrenos arrendados, y quizás edificios comerciales también, los ingresos operativos de las cuotas de arrendamiento pueden llegar a ser sustanciales.

No obstante, muchos fideicomisos comunitarios nunca desarrollan una cartera amplia y diversa. En ocasiones (no siempre), a los más pequeños les resultará más difícil sobrevivir. Incluso los que tienen carteras sustanciales pueden verse en peligro por un proyecto fallido o por la pérdida de apoyo gubernamental a causa de un cambio repentino en el rumbo político. Cuando un fideicomiso comunitario se encuentra en terreno movedizo, lo más importante es salvaguardar las viviendas asequibles en las que personas de bajos ingresos han invertido sus ahorros y sueños. En tiempos de crisis, la organización sin fines de lucro con una misión benéfica debe pensar primero en el bienestar de los propietarios (e inquilinos) que viven en su tierra. Su obligación principal es con ellos. La junta directiva de un fideicomiso comunitario inestable tiene que hacer lo que sea necesario para proteger a sus arrendatarios, lo que quizás incluya tomar la decisión prudente de arrendar parte de sus tierras a un uso "mayor" que la vivienda, o hasta la dolorosa decisión de vender parte de sus terrenos.

En casos más extremos de dificultades organizativas, es posible que la junta directiva tienda a buscar otra organización sin fines de lucro que esté dispuesta a absorber el fideicomiso mediante una fusión corporativa, o una organización dispuesta a aceptar los activos del fideicomiso tras la disolución del mismo. Un administrador con tierras en sus libros contables, junto con un flujo garantizado de ingresos por futuras cuotas de arrendamiento, representa un dote lucrativo en la búsqueda de un socio o sucesor. Esto puede aumentar las probabilidades de atraer y negociar con una organización compatible que proteja los hogares en la tierra del fideicomiso comunitario y perpetúe su régimen de administración.

En estos casos, el punto clave no es meramente que la propiedad y el arrendamiento de la tierra ofrecen más opciones a la junta directiva de una organización inestable, sino que además la motiva a procurarlas. Al igual que el compromiso de un fideicomiso comunitario de tierras con la supervisión e intervención, un arrendador y sus arrendatarios están unidos en un acuerdo de propiedad mixta que no se puede deshacer fácilmente. La dificultad para hacerlo puede ser algo positivo en tiempos de crisis, pues obligaría a todas las partes a detenerse, profundizar en el asunto y trabajar más arduamente para resolver los problemas de la organización. Si hay más en juego, como ocurre cuando en las tierras del fideicomiso comunitario viven familias de bajos ingresos, la junta directiva hará casi cualquier cosa para corregir la situación, incluso sacrificar la propia organización mediante una fusión o una disolución si estas medidas salvan los hogares de los arrendatarios.

III. LUGARES JUSTOS:
EL POTENCIAL TRANSFORMATIVO DE LOS TERRENOS COMUNES

Hace mucho tiempo, André Gorz, un filósofo social que vivía en Francia, hizo una distinción entre las medidas meliorativas que refuerzan las relaciones de propiedad y poder existentes, en comparación con las que abren pequeñas grietas en la estructura de la desigualdad y se acumulan con el paso del tiempo para desafiar el *statu quo* en términos ideológicos y políticos. A las primeras las llamó "reformas reformistas" y a las segundas, "reformas no reformistas".[23]

Más adelante, James Meehan revivió y aplicó provocativamente las categorías de Gorz en su análisis de los fideicomisos comunitarios de tierras en los Estados Unidos, usando la Dudley Street Neighborhood Initiative en Boston como su caso principal. Concluyó:

> Es evidente que los fideicomisos comunitarios de tierras, por su diversidad de carácter y situaciones, operan en la línea divisoria entre las dos tendencias (reformista y no reformista). En muchos casos, el modelo jurídico de estos fideicomisos se ha usado como una estrategia para mantener la asequibilidad de los costos de viviendas para personas de bajos ingresos (de modo que se alivia la presión del estado y del sector privado). En

otros casos, desempeñan la función de crear conciencia sobre las realidades del poder respecto a la tierra, cuestionar su propiedad especulativa y permitir cierto grado de control comunitario sobre los terrenos locales.[24]

Meehan resume bien la tensión entre las prácticas cotidianas y corrientes de los fideicomisos comunitarios y las posibilidades más ambiciosas y transformadoras que su trabajo puede generar. De hecho, estos fideicomisos son una estrategia eficaz para reducir los costos de vivienda, preservar la asequibilidad, promover el mantenimiento y evitar las ejecuciones hipotecarias. El compromiso de ciclo completo con la reducción de costos durante la etapa inicial y con la administración confiable en la etapa posterior es una notable mejora en comparación con la mentalidad centrada únicamente en el desarrollo, manifestada por la mayoría de los programas que asisten a personas de bajos ingresos en la adquisición de una vivienda propia.

Al mismo tiempo, un fideicomiso comunitario de tierras, como cualquier otra organización que trabaja para mejorar las condiciones y ampliar las oportunidades de las personas desfavorecidas, refuerza inadvertidamente el dominio de las instituciones imperantes. Cuando estos fideicomisos amplían el acceso al capital hipotecario de las poblaciones y lugares que han sufrido discrimen financiero en el pasado, contribuyen a la legitimación de un sistema de financiamiento privado que ha sido una fuente de angustia para las comunidades de bajos ingresos, particularmente las de color. Cuando amplían el acceso a la propiedad de viviendas a personas que han sido excluidas del mercado privado, reafirman la individualización de la propiedad que ha sido un punto álgido en las políticas del lugar, pues el interés de adquirir propiedad abre una brecha contenciosa entre los propietarios y los inquilinos, y entre los que tienen y los que no tienen. Desde esta perspectiva, los fideicomisos comunitarios de tierras pueden verse como una herramienta reformista para mantener el *statu quo*, pues lima las asperezas de un sistema dañino que no se cuestiona y permanece igual.

Sin embargo, hay otra forma de verlo: el efecto acumulativo del desarrollo dirigido por la comunidad en tierras comunitarias puede transformar el sistema. La ideología de individualismo posesivo que usan los terratenientes y los propietarios de vivienda, por igual, para justificar la captura de todas las ganancias de valor derivadas de la propiedad real se ve cuestionada por el empeño tenaz de un fideicomiso comunitario de encontrar un equilibrio entre los intereses legítimos de los residentes y los de la comunidad a su alrededor, garantizados mediante terrenos comunes.[25] En la etapa inicial, el fideicomiso atenúa el poder de los acreedores hipotecarios usando su derecho de aprobar todas las hipotecas de los edificios situados en su tierra, lo que evita prácticas prestamistas abusivas. Por otro lado, en etapas posteriores, aminoran dicho poder usando su derecho de intervenir en los casos de impago y evitando la mayoría de las ejecuciones hipotecarias. Las políticas del lugar son modificadas por un fideicomiso comunitario de tierras sin fines de lucro con la intención de compartir y ejercer el poder en nombre de los residentes que viven en su tierra o cerca de esta.

Ciertamente, esto ocurre en los confines geográficos de un territorio bastante limitado; en el caso de algunos fideicomisos, se abarca un área de servicio tan pequeña como un solo barrio. También ocurre en los confines de un círculo limitado de instituciones que determinan cómo se distribuye la riqueza originada en la terratenencia y cómo se adquieren, reglamentan y financian los bienes raíces. Las tierras de propiedad comunitaria pueden ser un vehículo creativo para la reforma no reformista, pero es posible que no tengan mucho alcance territorial o institucional.[26]

Por otra parte, se puede argumentar que cualquier institución que ofrezca un contradiscurso de las prácticas y significados que refuerzan la desigualdad siembra una semilla de posibilidad porque influye en un círculo más amplio de lugares, instituciones y políticas. Cuando una comunidad planifica su éxito prudentemente mejorando las condiciones en un lugar específico sin desplazar a sus residentes más vulnerables, surge la pregunta de por qué el desarrollo equitativo no es una prioridad en todos los planes de mejoras de barrios. Cuando el desarrollo dirigido por la comunidad en tierras comunitarias crea viviendas permanentemente asequibles ante las fuerzas del mercado que representan una amenaza real para todas las viviendas a precios asequibles (la mayoría de las cuales no existirían sin fondos gubernamentales o mandatos de inclusión), surge la pregunta de por qué el desarrollo sostenible no es un requisito de todas las políticas de vivienda.

Desde esta perspectiva, un fideicomiso comunitario de tierras representa lo que Ulrich Beck ha llamado la "construcción creativa": una innovación social que no solo transforma las relaciones en su círculo de influencia, sino que ejerce presión sobre los sistemas intelectuales y políticos que lo rodean "asediando lo existente con una alternativa provocadora".[27] De igual forma, Erik Olin Wright ha identificado a los "fideicomisos de tierras controlados por la comunidad" como una de varias estrategias que denominan "transformaciones intersticiales". Se trata de instituciones alternativas que "buscan crear nuevas formas de empoderamiento social en los nichos y márgenes de la sociedad capitalista, en particular donde parecen no representar ninguna amenaza inmediata para las clases dominantes y élites".[28]

No se puede aseverar que la mayoría de las personas que se sienten atraídas por un fideicomiso comunitario de tierras, ya sean expertos en el campo o beneficiarios, estén motivadas por la posibilidad de desafiar el *statu quo* en términos ideológicos, institucionales o políticos. A la mayoría no le interesa "asediar" nada. Es posible que sean felizmente inconscientes del potencial transformador de las tierras de propiedad comunitaria más allá de su utilidad inmediata para ayudar a personas de bajos ingresos a obtener y retener un hogar. Incluso es posible que quienes adoptan apasionadamente el fideicomiso comunitario como un vehículo para avanzar hacia una sociedad más justa susurren al hablar sobre la propuesta radical que es la esencia del modelo que emplean. Como le dijo una dulce anciana a una de mis colegas hace varios años mientras le hablaba con orgullo sobre el éxito de su propio fideicomiso comunitario dedicado tanto a la agricultura como a la vivienda asequible en tierras comunitarias: "Realmente se trata de la reforma de la tierra, pero nos escondemos detrás de los tomates".

Tal reticencia es comprensible. Un fideicomiso comunitario debe repensar llamar demasiada atención a elementos no convencionales (y a veces controvertidos) en su composición si sus líderes se ven obligados continuamente a pedir subvenciones de fondos públicos o a solicitar préstamos a entes privados. También debe prever los ataques de vecinos reaccionarios que se opondrán a nuevas construcciones cerca de sus hogares.

No obstante, la discreción tiene un precio. Cuando una innovación como el terreno común se mantiene cautelosamente fuera de la atención pública, también se mantiene fuera de escena y esperando tras bastidores para siempre. Con el fin de pasar de la periferia a la corriente popular, los fideicomisos comunitarios deben estar preparados para demostrar sus capacidades y su valía proclamando con confianza que su manera de hacer desarrollos comunitarios es preferible al método habitual. Esconderse detrás de los tomates puede ayudar a un fideicomiso comunitario en ciernes a establecerse, o ayudarlo a sobrevivir si se ve amenazado, pero no hace mucho por demostrar la ventaja comparativa del terreno común. Oculta el hecho de que el desarrollo dirigido por la comunidad en tierras de propiedad comunitaria no es "igual de bueno" que las estrategias convencionales del desarrollo en sitio. Es mejor.

Es mejor porque, en esencia, los fideicomisos comunitarios de tierras son más que otra estrategia para reducir el costo de la vivienda y cultivar una nueva cosecha de propietarios. En realidad, su propósito es replantar de forma equitativa y sostenible el terreno luchado en la intersección de la propiedad, el poder y el lugar. Puede que no todos los fideicomisos comunitarios aspiren a esto. Y es posible que no todos los expertos en el campo hablen sobre ello. Pero siempre que la tierra sea controlada por una comunidad en el contexto participativo de un fideicomiso comunitario de tierras, el potencial de transformación estará presente para impulsar espacios residenciales hacia una mayor seguridad y ofrecer más oportunidades a todos los residentes. Los terrenos comunes ofrecen una plataforma versátil para promover el desarrollo con justicia: una justicia duradera.

Notas

1. Este capítulo es una versión compendiada de un ensayo publicado en la revista académica *University of San Francisco Law Review* v.15, núm. 1 (2017).

2. Véase un argumento para las estrategias y políticas que preservan la vivienda asequible en periodos económicos buenos y adversos en: John Emmeus Davis, "Homes that Last: The Case for Counter-Cyclical Stewardship", *Shelterforce* (Invierno 2008). Reimpresión en J.E. Davis (ed.), *The Community Land Trust Reader* (Cambridge MA: The Lincoln Institute of Land Policy, 2010).

3. Si bien es inevitable que esta tradición evoque imágenes de la confiscación estatal de propiedades de una aristocracia decadente, hay ejemplos menos draconianos. El movimiento de las aldeas *gramdan* en la India fue posible gracias a las donaciones voluntarias de terrenos que pertenecían a terratenientes adinerados en la década de los años

cincuenta. El movimiento contemporáneo de la reforma de la tierra en Escocia depende de fondos estatales, recaudados en gran medida con la lotería nacional, y de una ley promulgada en 2003 por el Parlamento de Edimburgo que ofreció a las comunidades la primera opción de comprar las propiedades feudales donde estaban ubicadas sus comunidades.

4. Se puede ver un intento previo de situar los fideicomisos comunitarios de tierras en el contexto de diferentes planteamientos de la reforma de la tierra en: John Emmeus Davis, "Reallocating Equity: A Land Trust Model of Land Reform", Págs. 209–232 in *Land Reform, American Style* (Totowa NJ: Rowman y Allanheld, 1984). Reimpresión en J.E. Davis (ed.), *The Community Land Trust Reader* (Cambridge MA: The Lincoln Institute of Land Policy, 2010).

5. Véase la prueba del efecto dispar de la crisis hipotecaria en las comunidades de color en: Jacob S. Rugh y Douglas S. Massey, "Racial Segregation and the American Foreclosure Crisis", *American Sociological Review 75*, 2016: 629, 633; y Debbie Gruenstein Bocian, Wei Li, Carolina Reid y Roberto G. Quercia, *Lost Ground: Disparities in Mortgage Lending and Foreclosures* (Center for Responsible Lending, 2011).

6. Emily Thaden, "Stable Homeownership in a Turbulent Economy: Delinquencies and Foreclosures Remain Low in Community Land Trusts", Working Paper (Cambridge MA: Lincoln Institute of Land Policy, 2011). Véase también: John Emmeus Davis y Alice Stokes, *Lands in Trust, Homes That Last: A Performance Evaluation of the Champlain Housing Trust* (Burlington VT: Champlain Housing Trust, 2009).

7. Penn Loh, "How One Boston Neighborhood Stopped Gentrification in Its Tracks", *YES! Magazine* (28 de enero de 2015).

8. Jesse A. Myerson, "How to Get Rid of Your Landlord and Socialize American Housing, in Three Easy Steps", *The Nation* (8 de diciembre de 2015).

9. Peter Medoff y Holly Sklar cuentan la historia de la DSNI en: *Streets of Hope: The Fall and Rise of an Urban Neighborhood* (Boston MA: South End Press, 1994).

10. Rick Jacobus, "The Gentrification Vaccine", *Rooflines* (13 de agosto de 2015).

11. Un aumento en el valor y la rentabilidad de una empresa cooperativa puede tentar a los accionistas a vender sus acciones a un comprador externo, lo que elimina la estructura cooperativista para obtener ganancias personales; este proceso se conoce como "desmutualización". Del mismo modo que la tierra arrendada bajo una cooperativa de vivienda de capital limitado puede evitar convertirse en una cooperativa o un condominio regido por los valores del mercado, un contrato de arrendamiento de la tierra bajo una cooperativa de trabajadores o de consumidores puede dar a un fideicomiso comunitario la capacidad de evitar la desmutualización.

12. Ray Oldenburg, *The Great Good Place* (Paragon House, 1989). Cita en la pág. 14.

13. Jeffrey Yuen y Greg Rosenberg, "Hanging on to the Land", *Shelterforce* (11 de febrero de 2013). Disponible en: *http://www.shelterforce.org/article/3068/ hanging_on_to_the_land/*

14. Centrarse en el costo de la vivienda, como lo hago aquí, no es equivalente a pasar por alto la presencia de otras barreras a la movilidad geográfica, pasadas y presentes, incluidas las prácticas prestamistas abusivas y la zonificación excluyente.

15. Jake Blumgart, "Have We Been Wasting Affordable Housing Money?" *Rooflines* (3 de diciembre de 2015). Disponible en: *http://www.shelterforce.org/article/4322/have_ we_been_wasting_affordable_housing_money/*. Véase también: John Emmeus Davis, "Plugging the Leaky Bucket: It's About Time", *Rooflines* (27 de enero de 2015). Disponible en: *http://www.rooflines.org/3995/plugging_the_leaky_bucket_its_about_time/*

16. John Emmeus Davis y Rick Jacobus, *The City-CLT Partnership: Municipal Support for Community Land Trusts* (Cambridge MA: Lincoln Institute of Land Policy, 2008).

17. "La tendencia abrumadora ha sido que los programas de vivienda inclusiva adoptan periodos de asequibilidad a muy largo plazo". Rick Jacobus, *Inclusionary Housing: Creating and Maintaining Equitable Communities* (Cambridge MA: Lincoln Institute of Land Policy, 2015, p. 35).

18. Véanse las descripciones generales de estos modelos y mecanismos en: John Emmeus Davis, *Shared Equity Homeownership: The Changing Landscape of Resale-Restricted, Owner-Occupied Housing* (Montclair NJ: National Housing Institute, 2006); y Jarrid Green, *Community Control of Land and Housing* (Washington DC: Democracy Collaborative, 2018).

19. Eso no significa que los fideicomisos comunitarios de tierras ignoren las preocupaciones más comunes del "desarrollo sostenible". Todo lo contrario. La presencia a largo plazo del "desarrollador que no se va" hace que los fideicomisos comunitarios sean más receptivos a los asuntos ambientales y estén más atentos a la instalación de materiales duraderos y de sistemas de energía eficientes en comparación con los desarrolladores que construyen y luego desaparecen.

20. Cita de Devika Goetschius, directora ejecutiva del fideicomiso de tierras y vivienda del condado de Sonoma, que se encuentra en: Emily Thaden y John Emmeus Davis, "Stewardship Works", *Shelterforce* (24 de diciembre de 2010). Disponible en: *http:// www.shelterforce.org/article /2080/stewardship_works/*

21. Si ocurre una ejecución hipotecaria y el prestamista vende la casa a un comprador cuyos ingresos no son bajos ni moderados, el fideicomiso tiene la opción (mediante el contrato

de arrendamiento de la tierra) de cobrar a dicho comprador una renta a precio de mercado.

22. Véase, por ejemplo: Gharad Bryan, Dean Karlan y Scott Nelson, "Commitment Devices", *2 Annual Review of Economics 2* (2010); y Colin Camerer, Samuel Issacharoff, George Loewenstein, Ted O'Donoghue y Matthew Rabin, "Regulation for Conservatives: Behavioral Economics and the Case for 'Asymmetric Paternalism'" *University of Pennsylvania Law Review 151* (2003).

23. Andre Gorz, *Strategy for Labor: A Radical Proposal* (Boston MA: Beacon Press, 1964).

24. James Meehan, "Reinventing Real Estate: The Community Land Trust as a Social Invention in Affordable Housing", *Journal of Applied Social Science 20* (2013, p. 113).

25. Desde los inicios de los fideicomisos comunitarios de tierras, sus defensores han luchado con la pregunta de cuáles son estos intereses "legítimos" exactamente. Se puede encontrar un análisis crucial de este asunto en: Institute for Community Economics, *The Community Land Trust Handbook* (Emmaus PA: Rodale Press, 1982). Muchos otros pensadores han luchado con la misma pregunta filosófica. Véanse: R.H. Tawney, *The Acquisitive Society* (Nueva York: Harcourt, Brace y World, 1920) y Reinhold Niebuhr, *The Children of Light and Darkness* (Nueva York: Charles Scribner and Sons, 1944).

26. Por ejemplo, James DeFilippis ha expresado dudas sobre la capacidad de los fideicomisos comunitarios de tierras para lograr cambios en la sociedad en general. Aunque reconoce que "proveen una estructura para la propiedad equitativa y viable", señala la falta de políticas de oposición y su limitado alcance institucional. James DeFilippis, *Unmaking Goliath: Community Control in the Face of Global Capital* (Nueva York: Routledge, 2004). Cita en la pág. 148.

27. Ulrich Beck, *Individualization: Institutionalized Individualism and Its Social and Political Consequences* (Mike Featherstone ed., 2005). Cita en las págs. 190–191.

28. Erik Olin Wright, *Envisioning Real Utopias* (London: Verso, 2010).

3.

El argumento a favor de los fideicomisos comunitarios de tierras en todos los mercados, incluso los de poca demanda

Steve King

> Los fideicomisos comunitarios de tierras son un instrumento comprobado
> para producir cambios. ¿Cuándo nos atreveremos a utilizarlos?[1]
> — *Susan Witt y Robert Swann*

Durante las últimas décadas, en los Estados Unidos ha resurgido el interés en una cierta calidad de vida adquirida en las zonas urbanas densas, sobre todo entre personas de altos ingresos y niveles académicos. Esto ha causado una nueva segregación poblacional en áreas metropolitanas de mercados de mucha demanda, como la que circunda a San Francisco, donde la producción de viviendas no ha logrado mantener el ritmo del crecimiento económico. La desinversión y el abandono por razones raciales que han persistido durante décadas en secciones del Área de la Bahía, entre ellas las comunidades de East Oakland y West Oakland, BayviewHunters Point, East Palo Alto y Richmond, prácticamente han desaparecido a medida que los especuladores de bienes raíces encuentran oportunidades para comprar terrenos y edificios cerca del centro de San Francisco y Silicon Valley. Poco a poco, los residentes de clase trabajadora que llevaban años allí han sido desplazados a zonas muy alejadas de los suburbios en busca de vivienda asequible, a expensas de sus redes de apoyo y lazos culturales, sin mencionar que tienen que alejarse de sus lugares de trabajo. Muchas de las personas que permanecen en el centro del Área de la Bahía han sufrido los efectos colaterales adversos relacionados con la vivienda en una economía en alza, incluidos alquileres exorbitantes, desplazamientos involuntarios, desalojos sin causa justa, campamentos para desamparados y la cuasiparálisis de los funcionarios públicos respecto a cómo aliviar el daño producido.

Esta problemática no es particular del Área de la Bahía y tampoco es común en todos los Estados Unidos. En el otro extremo del espectro económico, muchos pueblos, ciudades y regiones industriales han sufrido un espiral descendente, al parecer irreversible, marcado por un largo declive en el sector manufacturero, una reducción de la clase media, el éxodo de la población blanca, la suburbanización y la reciente crisis de ejecuciones hipotecarias. Muchos lugares que antes florecían alrededor de industrias específicas están luchando por sobrevivir en ausencia de los motores económicos que antes los impulsaban. El abandono, los índices altos de viviendas desocupadas, los valores de propiedades en picada, las crisis fiscales en los municipios y la pobreza extrema son solo algunas de las dificultades producidas por el deterioro económico. Para las personas que viven en estos barrios o ciudades de mercados de poca demanda, la posibilidad de gentrificación parece remota, una amenaza distante que probablemente nunca se materializará.

Tanto el crecimiento como el deterioro urbano son desiguales y cíclicos. Si existe una constante entre las ciudades en una economía capitalista avanzada, es que todas cambian con el tiempo. En efecto, estos casos diametralmente opuestos ocultan los matices intermedios del desarrollo urbano en ciudades postindustriales de los Estados Unidos. Como ha señalado el planificador urbano Alan Mallach, incluso en ciudades "divididas" y en proceso de reducción como Detroit, Cleveland y St. Louis, la inversión en viviendas de lujo repletas de comodidades es un fenómeno emergente; a solo unas cuadras del desarrollo de viviendas exclusivas persisten el deterioro y la pobreza implacables de los barrios.[2]

Fig. 3.1. Old North St. Louis, un barrio de mercado de poca demanda en Missouri, 2014.

Por ende, tanto en las ciudades costeras de mercados de mucha demanda como en las zonas metropolitanas de mercados de poca demanda, las oportunidades económicas no se distribuyen de forma equitativa. Los beneficios del desarrollo favorecen a los ricos abrumadoramente, mientras que la carga recae en los pobres de manera desproporcionada. Se puede observar un patrón similar en el uso de viviendas y tierras. La historia está plagada de ejemplos de política pública y acciones privadas divisivas, exclusivistas, depredadoras y destructivas, sobre todo para los barrios afroamericanos y otras comunidades de color.

Una premisa y promesa del modelo del fideicomiso comunitario de tierras es que este apunta directamente al corazón de una de las mayores causas de la inequidad persistente: la propiedad y el control de la tierra. Los deseos fundamentales de libertad, autodeterminación y arraigo al lugar fueron las motivaciones medulares para la creación del primer fideicomiso comunitario moderno en Albany, Georgia hace casi cincuenta años. Y sigue siendo así hoy, razón por la cual estos fideicomisos se utilizan cada vez más en barrios y ciudades con mercados de bienes raíces en ascenso. Los activistas comunitarios y algunos funcionarios públicos los consideran instrumentos estratégicos para contrarrestar las externalidades negativas del desarrollo dirigido por el mercado, que afectan desproporcionadamente a familias de escasos ingresos y comunidades de color. Se ha presentado un argumento retórico convincente y comienzan a aparecer algunas pruebas empíricas que demuestran que el control comunitario de la tierra por medio de un fideicomiso comunitario puede ser una protección eficaz contra las fuerzas del mercado que de otra forma desplazarían a las personas con viviendas precarias en barrios desfavorecidos.[3] El desarrollo de dichos fideicomisos en ciudades como Seattle, Portland, San Francisco, Los Ángeles, Denver, Austin, Houston, Washington, DC, Boston y Nueva York es muestra de su atractivo y aplicabilidad en los mercados en ascenso.

En cambio, curiosamente, nunca se ha presentado un argumento convincente a favor de los fideicomisos comunitarios en lugares con mercados decadentes, a pesar de que algunos han tenido éxito en sitios con mercados de bienes raíces débiles.[4] John Emmeus Davis ofrece un argumento contundente: "la administración anticíclica", que es la fortaleza particular de los fideicomisos comunitarios de tierras, puede ser una fuerza estabilizadora en medio de las fluctuaciones del mercado.[5] También contamos con cierta evidencia de que estas organizaciones cumplen su promesa de estabilidad en mercados deprimidos, según ocurrió durante la crisis de ejecuciones hipotecarias entre 2008 y 2012, cuando los propietarios de viviendas de fideicomisos comunitarios no perdieron sus hogares.[6] No obstante, aún nos falta un argumento más amplio sobre su efectividad en lugares donde reina la desinversión en lugar de la reinversión; es decir, donde la asequibilidad no es el asunto más apremiante y el desplazamiento inducido por el mercado no es una amenaza inminente. Este ensayo es un primer intento para llenar ese vacío, pues ofrece una lógica y una gama provisional de opciones estratégicas para el control comunitario de la tierra mediante los fideicomisos comunitarios en zonas de mercados de poca demanda.

RETOS Y OPORTUNIDADES PARA EL DESARROLLO DE FIDEICOMISOS COMUNITARIOS DE TIERRAS EN MERCADOS DE POCA DEMANDA

Entre los expertos, los financiadores y las instituciones de los campos que abarcan el desarrollo comunitario y la vivienda asequible hay una idea generalizada de que el modelo del fideicomiso comunitario de tierras no es ni necesario ni factible en los mercados de bienes raíces de poca demanda. Esta conclusión reductora refleja una lamentable malinterpretación de los objetivos y los valores de muchos fideicomisos comunitarios emergentes (y establecidos). Es una idea preconcebida y potencialmente destructiva que puede suprimir el respaldo a nuevas iniciativas y frustrar un importante trabajo comunitario antes de darle la oportunidad de crecer. Por lo tanto, antes de profundizar en las cualidades de los lugares con mercados de poca demanda y el potencial de los fideicomisos comunitarios en esas zonas, es necesario examinar brevemente la relación entre "la fuerza" de un mercado local de bienes raíces (de mucha demanda/fuerte *versus* tibio/moderado *versus* de poca demanda/débil) y las posibilidades de crear un fideicomiso comunitario viable.

Estos fideicomisos funcionan de manera que corrigen los defectos tanto del mercado privado como del sistema político general para producir resultados equitativos y sostenibles que de otra forma no surgirían de ningunos de esos dos sectores. Este efecto mitigante puede ocurrir en cualquier mercado. En ese aspecto, el mercado mismo es una precondición del fideicomiso. De existir un sistema más justo y democrático que distribuyera equitativamente la tierra, la vivienda y las oportunidades económicas, entonces es posible que el fideicomiso comunitario no fuese necesario. Sin embargo, en ausencia de dicho sistema, estos fideicomisos pueden desempeñar una función redistributiva y reparadora, independientemente de la fuerza relativa de la economía local y del mercado de bienes raíces local.

La viabilidad y factibilidad de un fideicomiso comunitario de tierras en cualquier mercado, incluso en los de poca demanda, dependerá de una compleja diversidad de condiciones y factores locales, que incluyen: el tipo de actividades que la comunidad espera que el fideicomiso emprenderá, a quién se invita (o excluye) de la mesa de toma de decisiones y, tal vez lo más importante, la presencia (o ausencia) de residentes que se han organizado para mejorar su vecindario y obtener una distribución más justa de los recursos. Cada una de estas contingencias ofrece un indicio de por qué el fideicomiso comunitario podría ser el vehículo ideal para el desarrollo equitativo en un mercado de poca demanda.

Retos de los mercados de poca demanda. ¿Cuáles son algunas de las condiciones y dificultades para el desarrollo comunitario en zonas de mercados de poca demanda? Intrínsecamente, una ciudad o un barrio en un mercado de poca demanda sufre de falta de inversiones y cuenta con muy poca actividad económica. En estas zonas geográficas, las oportunidades económicas para los residentes de bajos ingresos suelen ser escasas, lo que podría redundar en poblaciones descendientes o inestables. Además, la ausencia relativa de actividad económica privada a menudo se combina con una inversión pública limitada en servicios e infraestructura.

Los efectos colaterales de una economía deprimida se reflejan en el entorno construido. Los niveles altos de unidades vacías son un atributo común de los mercados de poca demanda, esto incluye edificios desocupados o abandonados y tierras vacantes o no desarrolladas. Cuando aumentan dichos niveles, comienzan a decaer la condición y el valor de los edificios existentes. El deterioro del valor de la propiedad atrae a especuladores inescrupulosos que buscan exprimir el valor restante, a expensas de los edificios disponibles y en detrimento de los residentes. Con frecuencia, esta actividad especulativa proviene de dueños ausentes: inversionistas sin conexión alguna a la comunidad y sin escrúpulos para extraer riqueza de barrios y de sus residentes en apuros. Estas condiciones siempre sobrecargan al Gobierno local, ya que los ingresos por impuestos a la propiedad se desvanecen y los fondos requeridos para los servicios públicos comienzan a evaporarse. La educación pública, la infraestructura, las obras públicas, los parques y otras instalaciones públicas (los pilares de la vida cívica) pueden languidecer como resultado de una disminución en los ingresos municipales. Así comienza un ciclo vicioso de desinversión y deterioro que se refuerza a sí mismo y es difícil de frenar.

El mero hecho de que los valores de las propiedades hayan disminuido en un mercado de poca demanda no significa que la tenencia de las viviendas esté asegurada. Tampoco significa que la calidad de las viviendas es segura y saludable ni que los alquileres son asequibles en función de los sueldos. Ocurren desahucios en todo el continuo de mercados fuertes/mercados débiles en los Estados Unidos, con concentraciones especialmente altas en muchas zonas de mercados de poca demanda en el sur del país, y efectos desproporcionados en hogares de bajos ingresos, afroamericanos y con mujeres como jefas de familia.[7]

Aunque los inquilinos de bajos ingresos son los más vulnerables en este sentido, ser dueño de una vivienda que está a precio del mercado no necesariamente resulta más seguro. Una indicación es el caso de las diez millones de ejecuciones hipotecarias producto de la Gran Recesión que comenzó en 2008. Otra indicación es la enorme cantidad de propietarios de vivienda que están "gravemente abrumados por los costos" en los Estados Unidos, quienes ganan sueldos por debajo del promedio en sus zonas y gastan más de la mitad de sus ingresos en la vivienda. En áreas de mercados de poca demanda, ser dueño de una vivienda puede ser relativamente más asequible para las familias de recursos limitados en comparación con las ciudades de mercados de mucha demanda, pero aun así podrían estar fuera de su alcance dado que los sueldos se han estancado en medio de una economía vulnerable. Además, cuando las familias sí logran comprar una casa en lugares de mercados de poca demanda, es posible que la calidad de la vivienda sea deficiente, sobre todo en las escalas más bajas del mercado. Cabe mencionar que, por lo general, después de pagar sus facturas mensuales de vivienda, a los propietarios abrumados por los costos les queda poco dinero para mantenerse al día con las reparaciones necesarias.

Los residentes de zonas donde existen estas condiciones pueden sufrir traumas físicos y psicológicos así como otras influencias poco saludables, como la falta de acceso a servicios esenciales y alimentos sanos, las oportunidades limitadas de trabajo suficiente y digno, las redes de capital social fracturadas, las viviendas en malas condiciones y el desasosiego general en el vecindario. Todos estos factores son determinantes para la salud y el bienestar. Todos tienden a deteriorarse en ciudades o barrios de mercados de poca demanda donde las oportunidades son limitadas.

Recursos de los mercados de poca demanda. A pesar de las condiciones negativas y agravantes enfrentadas por los residentes de ciudades o barrios de mercados de poca demanda, estos lugares también están llenos de recursos positivos y potencialmente productivos. El reto es saber cómo utilizar y aprovechar los recursos en un contexto de escasez. Las condiciones variarán de un lugar a otro, pero hay cuatro recursos clave que pueden crear la base para el desarrollo de los fideicomisos comunitarios de tierras en zonas de mercados inactivos.

En primer lugar, es posible que haya abundancia de tierra y que esta sea relativamente económica. Por lo general, la adquisición de tierras representa uno de los obstáculos más significativos para la expansión de fideicomisos comunitarios en zonas de mercados de mucha demanda. Sin embargo, en los mercados de poca demanda, la tierra poco desarrollada, subutilizada o desocupada, a menudo, es más abundante y posiblemente menos costosa.

En segundo lugar, la demanda de mercado para edificios (y tierras) de cualquier tipo (residenciales, comerciales, industriales, etc.) está con toda probabilidad suprimida, lo que podría venir acompañado de condiciones físicas de deterioro, morosidad contributiva u obsolescencia funcional. Estos no son retos insignificantes en términos de obligaciones y de los recursos necesarios para adquirir, rehabilitar o hasta demoler, pero la disponibilidad de edificios con demanda limitada y a bajo costo podría ofrecer una oportunidad de desarrollo para los fideicomisos comunitarios de tierras.

Tercero, las personas con raíces en una comunidad localizada pueden ser su recurso más valioso. Los residentes de años, los recién llegados, los niños, las familias, las personas mayores, los desplazados y los sin techo, todos forman la base potencial del poder popular que espera por su inclusión para dirigir y crear nuevas soluciones a viejos problemas.[8]

Por último, la mayoría de los lugares de mercados de poca demanda ya cuentan con una serie de instituciones de desarrollo comunitario, organizaciones sin fines de lucro y entidades religiosas que trabajan en la comunidad, proveen servicios sociales y atienden muchos de los problemas que hemos mencionado. Estos grupos pueden ser fuentes de apoyo económico, técnico y político para un nuevo fideicomiso comunitario de tierras. En algunos casos, la organización preexistente podría incluso tomar la iniciativa de crear el fideicomiso u optar por incorporar uno recién establecido a su marco corporativo.[9]

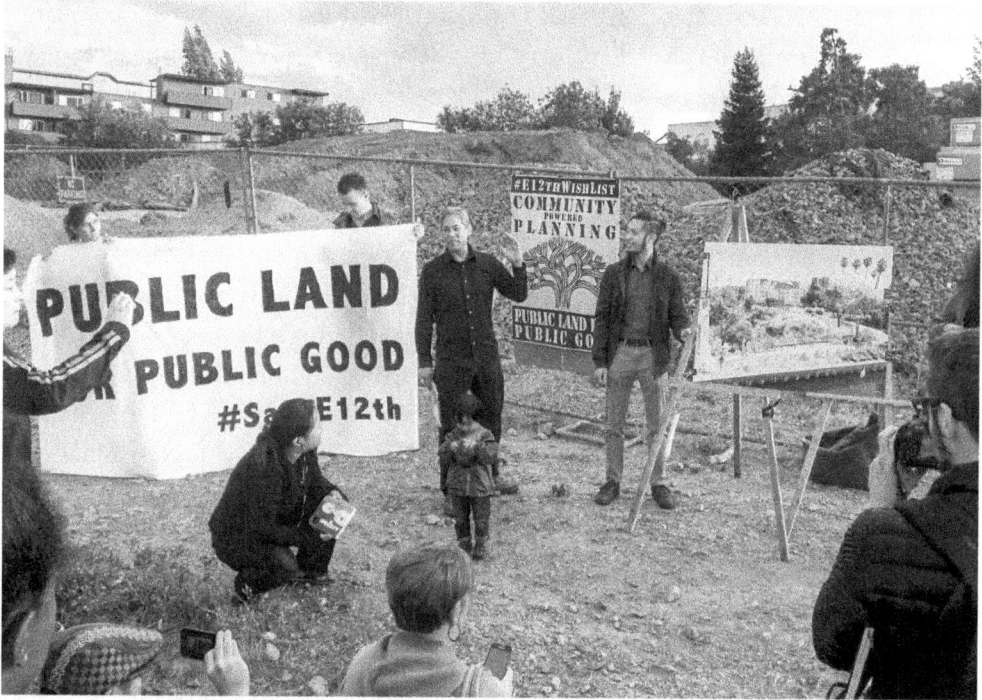

Fig. 3.2. Líderes residentes de la East 12th Street Coalition en Oakland, California, demandando participación comunitaria en la planificación del desarrollo de la tierra.

Estos recursos localizados incitan a pensar ampliamente sobre el valor y las posibilidades del modelo del fideicomiso comunitario en zonas donde la lógica económica a favor de la asequibilidad permanente (el beneficio más promocionado de estas organizaciones) es menos convincente debido a las condiciones de mercado prevalentes. Sin embargo, ¿si la pérdida inminente de la asequibilidad de la vivienda como característica del mercado no es un asunto apremiante, entonces por qué otra razón podría una comunidad considerar la creación de un fideicomiso comunitario? A continuación se consideran algunas posibilidades estratégicas.

MÁS ALLÁ DE ADQUIRIR VIVIENDAS: EXPLOREMOS EL SINNÚMERO DE OPCIONES PARA LA PROPIEDAD COMUNITARIA DE LA TIERRA EN MERCADOS DE POCA DEMANDA

Uno de los atributos más poderosos del modelo del fideicomiso comunitario de tierras es su versatilidad; se puede implementar para una amplia gama de usos de la tierra y necesidades sociales identificadas por la comunidad. Sin embargo, esta vasta utilidad se ha aprovechado poco, pues la popularidad del modelo se debe a un uso primario: la vivienda asequible en general, y, en particular, la vivienda ocupada por el propietario.

Por lo tanto, la escasa atención prestada al desarrollo de los fideicomisos comunitarios en zonas de mercados de poca demanda podría deberse, en parte, a la forma en la que el campo ha avanzado durante las últimas décadas. Estos fideicomisos se han convertido en sinónimo de la producción y administración de la tenencia de viviendas permanentemente asequibles. Esto sin duda es un logro importante y loable. Sin embargo, reducir el enfoque del modelo a un solo propósito ha causado que se minimice la importancia de un elemento más fundamental: la tierra de propiedad y gobernanza comunitaria. En efecto, podemos argumentar que el desarrollo dirigido por la comunidad en terrenos de propiedad comunitaria es la esencia de un fideicomiso comunitario de tierras, y no la asequibilidad permanente de viviendas ocupadas por sus dueños. Lo primero es precisamente la característica que conecta a los fideicomisos comunitarios de hoy con los fundadores de New Communities, Inc. y sus luchas por la justicia, la liberación y la autodeterminación.[10]

La estructura del desarrollo dirigido por la comunidad en tierras comunitarias crea la base para analizar el potencial estratégico de los fideicomisos comunitarios en zonas de mercados de poca demanda, y abre paso para explorar las posibilidades de desarrollo de proyectos y de acción colectiva que en la actualidad son aspectos poco estudiados y subvalorados en el campo de dichos fideicomisos, por lo menos en los Estados Unidos. Más allá de la adquisición de vivienda permanentemente asequible, la gama de oportunidades para los fideicomisos comunitarios es extensa. De hecho, muchos de los que están dirigidos a la vivienda han ampliado su alcance para incluir proyectos de usos no residenciales de la tierra, con líneas de negocio afiliadas o que respaldan su misión. Una mirada somera a algunos de estos usos y posibilidades creativas nos ayuda a demostrar el potencial de las tierras de propiedad comunitaria en zonas de mercados de poca demanda.

Huertos comunitarios, agricultura sostenible y espacios abiertos

Uno de los usos no residenciales más comunes de la tierra de un fideicomiso comunitario ha sido la producción de alimentos. Esta opción podría ser particularmente importante en los barrios de escasos recursos en zonas de mercados de poca demanda, donde el acceso a alimentos frescos y saludables tiende a ser limitado. Hay muchos ejemplos de fideicomisos comunitarios existentes que administran la tierra para cultivar alimentos y operar negocios relacionados.[11] Estos varían desde huertos comunitarios pequeños hasta fincas de muchos acres, e incluyen la conservación de grandes espacios abiertos y tierras agrícolas. En zonas de mercados de poca demanda donde la tierra desocupada puede ser relativamente accesible (ya sea mediante títulos de pleno dominio o contratos de arrendamiento a largo plazo gestionados por un fideicomiso comunitario), la agricultura urbana a pequeña escala o los huertos comunitarios pueden servir como un punto de partida catalizador para nuevas organizaciones que tal vez aún no tengan la capacidad o los recursos para emprender proyectos de bienes raíces más grandes o más costosos. Además, la activación de una parcela subutilizada o problemática en conjunto con residentes y aliados del barrio puede servir como un poderoso vehículo para fortalecer y organizar a la comunidad, y para cultivar la buena voluntad, la consciencia y el apoyo a actividades adicionales en tierras de propiedad comunitaria.

Por ejemplo, la primera propiedad adquirida por el Fideicomiso de Tierras de Parkdale en Toronto, Canadá, fue un espacio para la horticultura que ha servido como precursor exitoso para otras adquisiciones del fideicomiso. En 2017, este fideicomiso adquirió una parcela de 7000 pies cuadrados llamada Milky Way Garden para conservarla como un bien controlado por la comunidad a perpetuidad. El lugar tiene una función particularmente importante para las personas recién llegadas del Tíbet, ya que allí pueden fortalecer su comunidad y cultivar alimentos propios de su cultura. La campaña para adquirir la parcela propició la recaudación de fondos entre los residentes de la comunidad y creó consciencia sobre la misión del fideicomiso. El Fideicomiso de Tierras de Parkdale es propietario del lote y facilita activamente la visión comunitaria para la parcela. La administración diaria está a cargo de una organización asociada a la cual se le arrienda la tierra.

A una escala mucho mayor, el Fideicomiso Comunitario de Tierras de Athens, Georgia ha establecido un impresionante programa de conservación de la tierra y agricultura comunitaria además de su trabajo con la vivienda asequible. Para el año 2017, había protegido 16 485 acres (6671 hectáreas) de tierra en 36 condados de Georgia por medio de servidumbres de conservación y adquisición. Estos terrenos incluyen "hábitats naturales y riberas, tierras agrícolas operantes y tierras de importancia histórica, así como tierras para la recreación pública".[12] Además, su dinámico programa de agricultura comunitaria ofrece un acceso muy necesario a la tierra, así como apoyo programático para el cultivo de alimentos y negocios relacionados. Como custodio de tierras con una diversidad de usos, el fideicomiso utiliza estos recursos para crear programas que ofrecen oportunidades de desarrollo profesional remunerado y adiestramiento para jóvenes en los campos de la construcción, la agricultura urbana y la conservación de la tierra, con el fin de educar

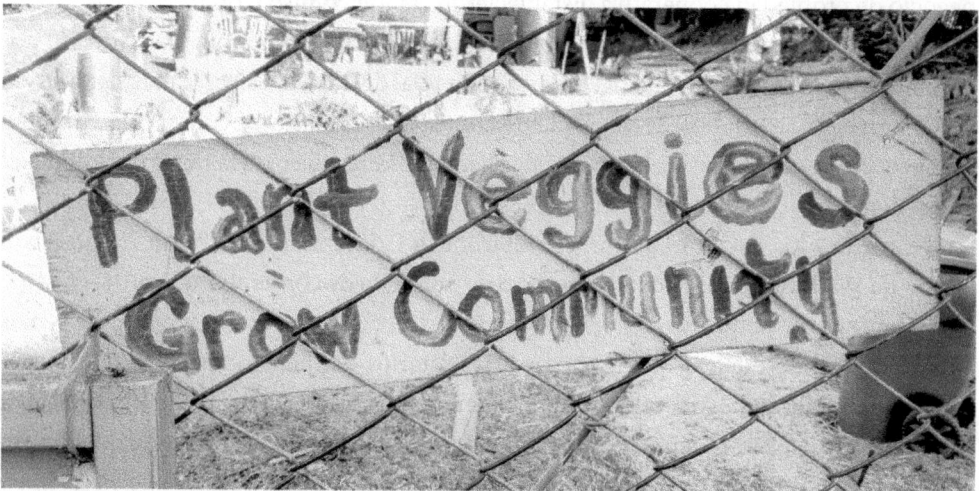

Fig. 3.3. Huerto comunitario en Oakland, California.

a futuras generaciones de líderes locales en asuntos de justicia y oportunidades relacionadas con la tierra.

Usos comerciales de la tierra

Los usos comerciales de la tierra de propiedad comunitaria comprenden una mezcla
increíblemente diversa de opciones y escalas. Las posibilidades son innumerables y solo
limitadas por lo que pueda visualizar una comunidad y lo que permita un distrito conforme a sus códigos de zonificación y construcción. En el contexto comercial, al igual que
en otros acuerdos de tenencia de la tierra de los fideicomisos comunitarios, estos pueden
desempeñar la función esencial de adquirir la tierra y arrendarla para apoyar el desarrollo
económico priorizado por la comunidad, o pueden adquirir y administrar tanto la tierra
como las mejoras.[13] Los usos comerciales actuales de estos fideicomisos incluyen la administración de la tierra y los edificios para organizaciones sin fines de lucro que sirven a la
comunidad y son compatibles con la visión del fideicomiso, y para usos menos comunes
como, por ejemplo, una gasolinera en una comunidad rural de la costa de California (el
Bo-Gas del Fideicomiso Comunitario de Tierras de Bolinas) y una planta móvil de pro-
cesamiento de carnes en una zona rural del estado de Washington (Fideicomiso Comunitario Tierras López).

En zonas de mercados de poca demanda, un fideicomiso comunitario podría desempeñar una valiosa función apoyando las estrategias no residenciales que producen oportunidades de trabajo y beneficios económicos dirigidos a residentes que han sufrido daños
por la desinversión. Para citar un ejemplo de otro país, el Fideicomiso Comunitario de
Tierras Homebaked en Liverpool, Inglaterra, comenzó en 2012 como respuesta a un plan
vertical de renovación urbana iniciado por el Gobierno con el fin de demoler una serie de
edificios históricos en el barrio de Anfield.[14] La reacción de los residentes fue aunar fuerzas con el propósito de salvar una panadería atesorada por los vecinos y convertirla en un
negocio de propiedad cooperativa. Establecieron el Fideicomiso Comunitario de Tierras
Homebaked para adquirir el edificio de la panadería e implementar un plan dirigido por
la comunidad para el desarrollo del distrito comercial del barrio. Salvar la panadería sirvió
como proyecto catalizador: se inició el fideicomiso comunitario, se conservó un negocio
ancla visible y se sentaron las bases de una agenda más amplia para la tierra de propiedad
comunitaria en el barrio.

De vuelta a los Estados Unidos, el Fideicomiso Comunitario de Tierras López en el
estado de Washington sirve como custodio de una serie de comercios que proveen espacios para incubar pequeños negocios locales. Los doce negocios que usan los espacios
son propiedad de dueños de vivienda y arrendatarios del fideicomiso. Al unir los elementos de seguridad económica y de la vivienda, estos espacios comerciales ofrecen a
los residentes del fideicomiso una oportunidad de aumentar los activos individuales sin
arriesgar sus hogares, y también generan beneficios económicos locales que circulan en
la comunidad.

Empresas subsidiarias, afiliadas y de apoyo mutuo

En todo el panorama nacional, hay cada vez más casos de fideicomisos comunitarios de tierras que establecen entidades o negocios afiliados que refuerzan su trabajo o crean oportunidades para sus residentes y miembros. Por ejemplo, tanto Proud Ground, un fideicomiso comunitario en Portland, Oregón, como el Fideicomiso de Tierras del Norte de California en Berkeley, California, han establecido agencias de corredores de bienes raíces para respaldar las transacciones de propiedades internas y generar ingresos mediante transacciones externas al fideicomiso. One Roof Community Housing, un fideicomiso comunitario en Duluth, Minnesota, ha establecido una firma subsidiaria encargada de la construcción y rehabilitación de viviendas para la organización matriz. En Berkeley y en Oakland, California, tres fideicomisos comunitarios se han unido para explorar la creación de una cooperativa de administración, propiedad de los trabajadores, que atienda las necesidades de las propiedades del fideicomiso manejadas por los residentes, las cooperativas de vivienda, las cooperativas de trabajadores y otras organizaciones relacionadas. La visión es que la cooperativa de administración de propiedades aproveche las habilidades de los residentes actuales del fideicomiso y de los trabajadores dueños de la cooperativa para brindar servicios básicos de administración de propiedades y capacitación en una amplia red de organizaciones aliadas.

Los fideicomisos comunitarios de tierras como custodios y defensores de la salud y la estabilidad de la comunidad

Como nos recuerda John Emmeus Davis, la función de custodio de un fideicomiso comunitario de tierras no solo existe para mantener la asequibilidad, sino que también incluye la preservación de la calidad y la seguridad de la vivienda.[15] Incluso en los mercados en los que la asequibilidad no es un asunto prioritario, hay funciones importantes que un fideicomiso comunitario puede desempeñar para asistir a los residentes con servicios de mantenimiento, reparaciones y calidad general de la vivienda, así como con intervenciones para mejorar las políticas públicas y los servicios públicos de la mano de los dueños e inquilinos del fideicomiso, y para prevenir el desplazamiento por ejecuciones hipotecarias o desahucios.

Algunos de estos servicios también se pueden ofrecer a personas que no son residentes del fideicomiso comunitario, sobre todo en zonas donde escasean dichos servicios. En la actualidad, muchos de estos fideicomisos ya ofrecen, antes y después de la adquisición de la vivienda, educación, consejos para adquirir ingresos y bienes, y asesoramiento crediticio a las personas que viven en su área de servicio, sin importar si son propietarios de vivienda del fideicomiso o no. Según las necesidades de su comunidad, un fideicomiso comunitario podría ofrecer asistencia con la reparación y el mantenimiento de viviendas, asesoramiento y préstamos para pequeños negocios, servicios legales para inquilinos y diversas formas de ayuda a arrendatarios, compradores, propietarios de vivienda y personas sin hogar.[16]

MÁS ALLÁ DEL DESARROLLO:
PLANIFICACIÓN, ORGANIZACIÓN Y CREACIÓN DE PODER

En zonas de mercados de poca demanda en las que la asequibilidad de la vivienda no es un asunto prioritario, es posible que aún existan grandes barreras para la colaboración, la participación democrática y la toma de decisiones sobre problemas económicos, políticos y ecológicos interrelacionados que afectan desproporcionadamente a los residentes de bajos ingresos y a las personas de color. Por eso la estructura de gobernanza centrada en los residentes, propia de los fideicomisos comunitarios, puede servir como foco para evaluar, analizar y atender a fondo las necesidades de las personas que más luchan contra los efectos de un mercado de poca demanda. Además, este tipo de fideicomiso puede ser un poderoso vehículo para desarrollar líderes, organizar a los residentes y establecer la base como precedente a la participación real en actividades de bienes raíces dirigidas por la comunidad.[17] La organización comunitaria y el establecimiento de bases puede, a su vez, ayudar a promover las condiciones en las que un fideicomiso comunitario emerge, crece y progresa. Un grupo organizado de residentes y miembros del fideicomiso puede exigir rendición de cuentas a los funcionarios electos, ejercer presión política cuando corresponda y usar el poder popular necesario para demostrar que hay demanda para el desarrollo liderado por la comunidad en tierras de propiedad comunitaria.

Fig. 3.4. Alliance of Californians for Community Empowerment [Alianza de Californianos por el Empoderamiento Comunitario]. Los propietarios de vivienda del Fideicomiso Comunitario de Tierras de Oakland, Shekinah SamayaThomas y Chris Thomas, se unen a Vanessa Bulnes (con el megáfono) en defensa de la vivienda controlada por los residentes en tierras de propiedad comunitaria.

La Dudley Street Neighborhood Initiative (DSNI) y su fideicomiso comunitario afiliado, Dudley Neighbors, Inc. (DNI) en el sector de Roxbury de la ciudad de Boston brindan ejemplos ilustrativos de la organización de la comunidad y la creación de bases en lo que una vez fue un barrio de mercado de poca demanda. A menudo, el DNI se presenta como uno de los fideicomisos comunitarios de tierras más exitosos de los Estados Unidos, aunque pocos han adoptado su modelo intencional de amplio empoderamiento de los residentes y de planificación y desarrollo dirigidos por la comunidad. Ese enfoque del desarrollo comunitario sigue siendo tan audaz hoy día como lo era en 1984 cuando se fundó la DSNI.[18]

Desde el principio, la DSNI se orientó estratégicamente hacia el respaldo de dos actividades medulares: la organización de los residentes del barrio y la planificación y visualización lideradas por los residentes. Al combinarse con el fideicomiso comunitario afiliado a la organización, estas actividades constituyeron un aporte productivo para promulgar una estrategia de desarrollo comunitario en tierras de propiedad comunitaria y control comunitario.[19] Este enfoque sigue siendo particularmente vital porque coloca el liderazgo de los residentes actuales al centro de una estrategia que se nutre de capacidades y recursos individuales y comunitarios. En las ciudades y barrios donde las comunidades de color y los residentes de bajos ingresos han sido sistemáticamente desfavorecidos y traumatizados por la actividad del mercado y la política pública, este es un primer paso fundamental hacia una redistribución restaurativa, justa y equitativa del poder. Gus Newport, exdirector ejecutivo de la DSNI, señala:

> Con el fin de renovar eficazmente los barrios deteriorados por años de abandono debido a las prácticas discriminatorias de los bancos, los programas gubernamentales fallidos y la mala planificación, la única forma en que estas zonas pueden cambiar es con la voluntad y la participación de vecinos interesados. Una verdadera base que asegurará la participación prolongada y la estabilización del vecindario solo ocurre cuando las personas pueden ver y sentir que su participación y control (empoderamiento) es real. Cualquier otra cosa redundará en más fracasos, que es lo que tenemos en la mayoría de los barrios marginados de las ciudades estadounidenses.[20]

MÁS ALLÁ DEL MERCADO DE POCA DEMANDA PRESENTE: PLANIFICACIÓN DE UN FUTURO JUSTO Y EQUITATIVO

Las condiciones del mercado cambian: cómo proteger el futuro

Para las personas afiliadas a fideicomisos comunitarios en zonas de mercados tibios y mercados de mucha demanda, es común pensar melancólicamente en una realidad alterna en la que un fideicomiso pudo haber surgido hace una década o dos, cuando la tierra y la vivienda costaban una fracción de los precios actuales. Por el contrario, en zonas de mercados de poca demanda, pocas personas pueden imaginarse una realidad futura en la que los costos se disparen y una ola de inversiones y desarrollo de viviendas de lujo amenacen con desplazar a los residentes de ingresos bajos y moderados que viven allí. ¿Cómo podemos conciliar estas dos perspectivas tan diferentes?

La historia sirve como guía en un punto específico relacionado tanto con el fracaso de los mercados para atender a los más necesitados como con la incapacidad de las instituciones políticas de prever o preparar el camino para obtener resultados realmente equitativos del desarrollo. Con frecuencia, la desinversión ha sido la precursora de nuevas olas de inversión privada en mercados de bienes raíces estancados. La prioridad de los funcionarios del Gobierno en dichas situaciones muchas veces es incentivar cualquier tipo de inversión en el desarrollo de viviendas o comercios en lugar de arriesgarse a espantar a los inversionistas exigiendo que los beneficios del desarrollo se compartan con los residentes más necesitados.

El desarrollo equitativo es posible, pero hay que insistir en ello con presión política y participación inclusiva y democrática. Esto ofrece el argumento básico para construir la infraestructura de un fideicomiso comunitario de tierras en ausencia de una amenaza de desplazamiento inminente. Los residentes locales que a menudo son excluidos de las decisiones de desarrollo sencillamente merecen tener una participación. En muchas comunidades, la única forma de ejercer este derecho es organizarse, generar poder comunitario, exigir que se rindan cuentas y asumir el control del desarrollo bajo la formación colectiva de un fideicomiso comunitario de tierras.

También es necesario tener una comprensión más matizada del intenso acto de equilibrio temporal que realizan estos fideicomisos que mantienen tierras para beneficio de la comunidad durante un tiempo prolongado. Además de implementar programas con sus miembros para atender las necesidades inmediatas identificadas por los residentes, también tienen que mantener una visión extraordinaria a largo plazo de reforma de la tierra y justicia social. Este delicado equilibrio de prioridades comunitarias en diferentes plazos es una característica distintiva de los fideicomisos comunitarios rara vez reconocida y muy subvalorada. En un mercado de poca demanda, la organización que mantenga la tierra y fomente el desarrollo equitativo durante un plazo más largo podría revelar nuevas vías para promover la adaptabilidad y la sostenibilidad de la comunidad.

Los mercados son el problema:
planificar para el futuro que realmente deseamos

Dado el legado de discriminación racial, su persistencia en asuntos de vivienda y desarrollo urbano, y el efecto dispar del desarrollo en poblaciones específicas, resulta práctico que una comunidad históricamente desfavorecida y con poder limitado exija un mayor control sobre la posesión, el uso y el desarrollo de la tierra. En zonas de mercados de poca demanda en particular, es tanto lógico como estratégico buscar soluciones alternas a los mismos métodos verticales y dependientes del mercado que en el pasado han perjudicado, privado y marginado a las comunidades.

Hay un grupo creciente de organizadores y participantes en el desarrollo comunitario que ven la administración común de la tierra como parte de un puente fundamental a un futuro emancipador que reemplazará al actual sistema de mercado. Estos esfuerzos explícitamente visionarios, transformadores y políticos son estrategias ambiciosas diseñadas para lograr una transición justa a un futuro más equitativo, sano y sostenible.[21]

La organización Cooperation Jackson en Jackson, Mississippi, ofrece un ejemplo excepcionalmente convincente de un proyecto abarcador para promover la democracia económica, la propiedad comunitaria y el desarrollo sostenible dirigido por residentes. Jackson es una ciudad que exhibe muchas de las características de un mercado de poca demanda. No obstante, los organizadores de Cooperation Jackson entienden que en el caso de que la economía local llegara a mejorar gracias a estrategias de mercado, es poco probable que se atiendan las necesidades de sus residentes de color.

Kali Akuno de Cooperation Jackson ve una oportunidad estratégica en el hecho de que la economía de Jackson esté deprimida en la actualidad. Esto da un "respiro" en los márgenes para poder visualizar y promulgar un gran plan para un futuro mejor y más justo. En las palabras de Akuno:

> Sacamos partido de este respiro aprovechando el hecho de que en la zona hay muy poca competencia que sirva como distracción o dilución de nuestro enfoque, y que existe un grado significativo de demanda social acumulada que espera ser satisfecha y una reserva profunda de potencial humano no realizado que espera ser utilizado.[22]

Junto con una red solidaria de empresas cooperativas que son propiedad de los trabajadores y se manejan democráticamente, Cooperation Jackson ha formado el Fideicomiso Comunitario de Tierras Fannie Lou Hamer como elemento central de su visión a largo plazo para el desarrollo y la sostenibilidad de una nueva base económica para los residentes locales. La importancia de adquirir más tierra para el fideicomiso es una de supervivencia a largo plazo ante la discriminación racial y la austeridad económica continuas. Como ha dicho Akuno: "Si la tierra cambia, el poder cambia".[23]

Restituir la administración indígena de la tierra

Entre aquellos que llegan al fideicomiso comunitario de tierras en busca de un modelo para la justicia fundamentada en la tierra, muchos creen que la única forma de lograr un futuro verdaderamente justo y equitativo es que se reconozcan y reparen los siglos de daños causados a los pueblos indígenas con sistemas coloniales de confinamiento, exclusión y expropiación de tierras tribales.

Las mujeres indígenas del Fideicomiso de Tierras Sogorea Te en el norte de California ofrecen un ejemplo. Están desarrollando una nueva vía para que las tierras ancestrales de Chochenyo y Karkin Ohlone vuelvan a ser administradas por las poblaciones indígenas. Su visión es restaurar las tierras sagradas de Ohlone a un estado que preceda y trascienda el sistema de propiedad privada basado en el mercado. Los líderes del Fideicomiso de Tierras Sogorea Te fomentan una conversación transformadora que invita a todos los

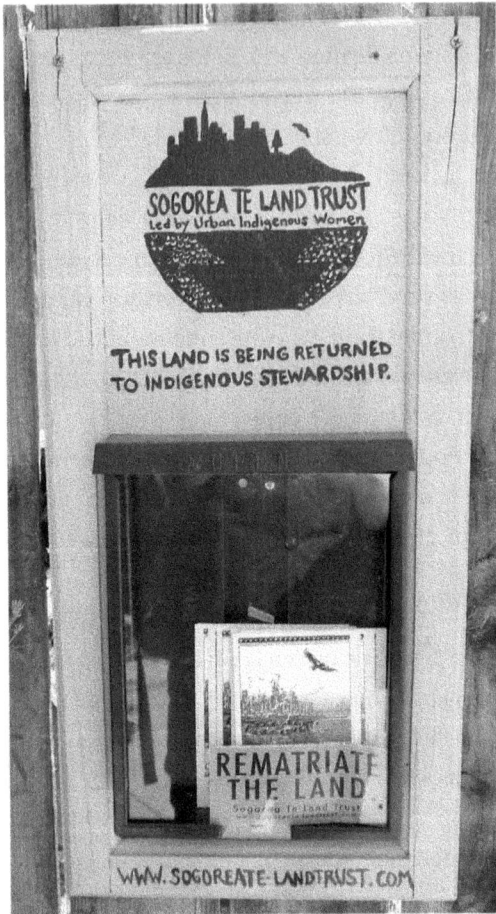

Fig. 3.5. Rammay Garden, Fideicomiso de Tierras Sogorea Te, West Oakland, California, 2019.

residentes del Área de la Bahía a reevaluar su relación con la tierra que habitan y reconocer que el pueblo indígena cohabita en sus tierras ancestrales con residentes no indígenas, a pesar de una historia controvertida.

Los fideicomisos comunitarios en todos los lugares tienen una función importante como aliados de las luchas indígenas por sus tierras. En el contexto particular de los mercados de poca demanda, una vía posible para respaldar a esta población reside en devolverle la titularidad de la tierra que ha sido devaluada en términos de la lógica del mercado, pero que podría tener gran valor religioso o cultural para los pueblos indígenas. En algunos barrios, ciudades y regiones de mercados de poca demanda, una economía deprimida con bienes raíces devaluados presentaría una oportunidad única en la que podría darse una conversación restaurativa sobre la devolución de la tierra para que los pueblos indígenas la administren.

CONCLUSIÓN

Incluso en los mercados estables con fideicomisos comunitarios establecidos, el respaldo privado y público para el desarrollo liderado por la comunidad en tierras de propiedad comunitaria sigue siendo poco. El modelo aún no ha logrado la aceptación amplia que merece, a pesar del desempeño estelar que han tenido estos fideicomisos hasta la fecha.[24] Dado que muchos trabajan exclusivamente en comunidades de color y que la mayoría desarrolla viviendas para familias de bajos ingresos, la inequidad en la distribución de los recursos para el desarrollo y la expansión de vivienda asequible en sus tierras debe verse necesariamente como un problema de justicia racial y económica. Esta es una realidad que afecta de igual manera a los mercados en auge, los de poca demanda y los mercados tibios.

La falta de recursos para la expansión de los fideicomisos comunitarios en los Estados Unidos se debe más a quienes reciben sus beneficios que a lo que son estas organizaciones. Es un reflejo de cuán arraigado está el sistema actual de provisión de vivienda; el poco espacio que hay para modelos de tenencia de la tierra que superen la dicotomía reductora de alquilar en lugar de adquirir; y la poca voluntad política que existe de reformar dicho sistema para permitir que avancen formas más justas de propiedad de la tierra en todos los mercados.

Los fideicomisos comunitarios siguen recibiendo críticas de personas escépticas por no "ampliar el alcance", pues miden únicamente en términos de las unidades de vivienda en su cartera. Zachary Murray del Fideicomiso Comunitario de Tierras de Oakland ofrece una contestación a este estrecho concepto de escala. Señala que muchos fideicomisos comunitarios iniciados por la comunidad buscan elevar algo mucho más fundamental: el control comunitario de la tierra en lugares donde, durante generaciones, se les ha negado a los residentes cualquier tipo de control colectivo sobre cómo se usa o desarrolla la tierra. También se puede decir que el alcance debe medirse horizontalmente, es decir, contando el número de comunidades que han adoptado estrategias que ponen la toma de decisiones y el control a largo plazo de la tierra en manos de los residentes que han sido excluidos sistemática e históricamente.

Al día de hoy, las ciudades y los barrios de mercados de poca demanda han sido una parte ignorada del potencial horizontal y del rendimiento de los fideicomisos comunitarios de tierras. Sin embargo, a medida que el modelo continúa su largo viaje hacia la aceptación y la profesionalización, existe una oportunidad de aplicarlo en lugares y formas que trasciendan el enfoque de conservar la asequibilidad de viviendas ocupadas por sus propietarios en mercados de mucha demanda. En este contexto, los mercados de poca demanda son excelentes zonas para la invención y exploración de estos fideicomisos. Ofrecen oportunidades para el desarrollo dirigido por la comunidad en tierras de propiedad comunitaria que incluyen más que viviendas; oportunidades para construir modelos adaptables de participación y gobernanza democráticas por medio de los cuales los residentes pueden influir en el desarrollo actual y futuro; y oportunidades para restaurar la justica de la tierra en comunidades que han sido perjudicadas por las políticas gubernamentales, la actividad del mercado y la supremacía blanca. Es posible que el camino sea más escabroso en los mercados de poca demanda, pero el crecimiento, la vitalidad y la aceptación a largo plazo del movimiento de los fideicomisos comunitarios de tierras exigen un modelo que sea inclusivo y viable en cualquier mercado.

Notas

1. Susan Witt y Robert Swann, "Land: Challenge and Opportunity", Schumacher Center for a New Economics, mayo de 1995. (*https://centerforneweconomics.org/publications/land-challenge-and-opportunity/*).

2. Alan Mallach, The Divided City: Poverty and Prosperity in Urban America (Washington, DC: Island Press, 2018).

3. Myungshik Choi, Shannon Van Zandt y David MatarritaCascante, "Can community land trusts slow gentrification?" *Journal of Urban Affairs*, 40:3, 394-411 (2018).

4. A lo largo de este ensayo, se utilizan varios términos para referirse a las zonas de mercados de poca demanda, entre ellos: luchando, en apuros, descendente, débil, divididas, declive y reducción. En general, los mismos hacen eco de la gama de descriptores utilizados en la voluminosa literatura sobre el deterioro urbano. Ciertamente, son imprecisos y no necesariamente sinónimos. También debemos tener presente que este ensayo no asume una postura sobre la escala geográfica, pues reconocemos que la dinámica de los mercados débiles es relativa y puede darse en contextos de barrios, ciudades o regiones.

5. John Emmeus Davis, "Homes That Last", *Shelterforce*, National Housing Institute, diciembre de 2008 (*https://shelterforce.org/2008/12/22/homes_that_last/*).

6. Emily Thaden, "Stable Home Ownership in a Turbulent Economy: Delinquencies and Foreclosures Remain Low in Community Land Trusts", Lincoln Institute of Land Policy, Working Paper WP11ET1, julio de 2011.

7. Max Blau, "Black Southerners Are Bearing the Brunt of America's Eviction Epidemic", Stateline [en línea], 18 de enero de 2019 (*https://www.pewtrusts.org/en/research-and-analysis/blogs/stateline/2019/01/18/black-southerners-are-bearing-the-brunt-of-americas-eviction-epidemic*). T. Cookson, et. al., *Losing Home: The Human Cost of Eviction in Seattle*, A Report by the Seattle Women's Commission and the Housing Justice Project of the King County Bar Association, septiembre de 2018 (*https://www.seattle.gov/Documents/Departments/SeattleWomensCommission/LosingHome_9-18-18.pdf*). Matthew Desmond, "Poor Black Women Are Evicted at Alarming Rates, Setting Off a Chain of Hardship", MacArthur Foundation Policy Research Brief, marzo de 2014 (*https://www.macfound.org/media/files/HHM_Research_Brief_-_Poor_Black_Women_Are_Evicted_at_Alarming_Rates.pdf*).

8. Se incluye aquí a "los desplazados" porque hay muchos casos de personas que conservan sus vínculos con los barrios de donde las han desplazado. Con frecuencia, las personas que han tenido que mudarse de los barrios donde vivieron sus familias por varias generaciones regresan de visita para asistir a la iglesia, hacer compras o ver a sus familiares y amigos. Muchas agradecerían la oportunidad de regresar y los fideicomisos comunitarios

de tierras podrían ser un vehículo para facilitarla. Unas cuantas ciudades han adoptado políticas de "derecho de regresar" o han otorgado preferencia de vivienda a los residentes desplazados.

9. Hay grupos que también pueden convertirse en guardianes del acceso a recursos y conocimientos esenciales o que pueden desestimar las ideas y estrategias innovadoras, todas reacciones comunes a los esfuerzos de los fideicomisos comunitarios en zonas donde no se conoce el modelo.

10. "El desarrollo dirigido por la comunidad en tierras de propiedad comunitaria" (*community-led development on community-owned land*) también conocido como "terreno común" (*common ground*) son frases acuñadas por John Davis. John Emmeus Davis, "Common Ground: Community-Owned Land as a Platform for Equitable and Sustainable Development", *University of San Francisco Law Review,* Vol. 51, No. 1, 2014.

11. Greg Rosenberg y Jeffrey Yuen han estudiado el campo y redactado un compendio útil de proyectos de fideicomisos comunitarios agrícolas y comerciales. Véase: Greg Rosenberg y Jeffrey Yuen, "Beyond Housing: Urban Agriculture and Commercial Development by Community Land Trusts", Lincoln Institute of Land Policy, Working Paper WP13GR1, 2012.

12. Athens Land Trust, "2017 Annual Report." (*https://athenslandtrust.org/wp-content/ uploads/2019/01/2017-Annual-Report-1.2.19-1.pdf*).

13. Véase una discusión sobre las oportunidades y los retos para la aplicación comercial de los fideicomisos comunitarios de tierras en: Elizabeth Sorce, "The Role of Community Land Trusts in Preserving and Creating Commercial Assets: A Dual Case Study of Rondo CLT in St. Paul, Minnesota and Crescent City CLT in New Orleans, Louisiana" (2012). Tesis y disertaciones de la Universidad de Nueva Orleans. Tesis 1501 (*https:// scholarworks.uno.edu/td/1501/*).

14. Para más información, véase el sitio web del Fideicomiso Comunitario de Tierras Homebaked: *http://homebaked.org.uk/about/we_are_homebaked/*

15. John Emmeus Davis, "Homes That Last", op. cit.

16. Los servicios ofrecidos a residentes que no residen en viviendas del fideicomiso podrían permitir que este diversifique sus ingresos y tenga acceso a nuevas fuentes de fondos.

17. Muchos fideicomisos comunitarios adoptan estrategias políticas y de organización comunitaria intensas para promover o acompañar el trabajo real de desarrollo de bienes raíces. Por ejemplo, el fideicomiso TRUST South LA tiene un programa dinámico de justicia de la movilidad y el transporte, centrado en los residentes, que defiende el derecho a calles sanas, peatonales y "biciamigables", un asunto de calidad de vida muy

importante para los residentes de este barrio de Los Ángeles. En Nueva Orleans, la organización Jane Place Neighborhood Sustainability Initiative promueve una robusta agenda de defensa con relación al efecto de los alquileres a corto plazo (p. ej. los *AirBnB*) en la crisis actual de asequibilidad, como componente separado, pero relacionado con su trabajo de fideicomiso comunitario.

18. Para una historia de los primeros años de la DSNI, véase Peter Medoff y Holly Sklar, *Streets of Hope: The Fall and Rise of an Urban Neighborhood* (Boston, MA: South End Press, 1999) y *Holding Ground: The Rebirth of Dudley Street* [Video], dirección de Mark Lipman y Leah Mahan, Holding Ground Productions, 1997.

19. Dudley Street Neighborhood Initiative, From the Bottom Up: The Dudley Street Neighborhood Initiative Strategy for Sustainable Economic Development, borrador de manuscrito inédito, noviembre de 1997.

20. Eugene "Gus" Newport, The Dudley Street Neighborhood Initiative, Roxbury, Massachusetts: History and Observations, manuscrito inédito, julio de 1991.

21. Respecto al concepto de "transición justa", véase Movement Generation Justice and Ecology Project, *From Banks and Tanks to Cooperation and Caring: A Strategic Framework for a Just Transition.* (*https://movementgeneration.org/wp-content/uploads/2016/11/JT_booklet_English_SPREADs_web.pdf*).

22. Kali Akuno, "Build and Fight: The Program and Strategy of Cooperation Jackson", en Cooperation Jackson (Kali Akuno, Sacajawea Hall, and Brandon King) y Ajamu Nangwaya (eds.), *Jackson Rising: The Struggle for Economic Democracy and Black Self-Determination in Jackson, Mississippi*, Daraja Press, 2017.

23. Hazel Sheffield, "Cooperation Jackson on How to Build an Alternative Economy for People of Colour", The Independent UK, 31 de mayo de 2019 (*https://www.independent.co.uk/news/business/indyventure/cooperation-jackson-solidarity-economy-neoliberalism-alternatives-a8936801.html*).

24. Esto se ha caracterizado correctamente como un nuevo tipo de práctica discriminatoria, un prejuicio sistémico tanto en los sectores gubernamentales como financieros vinculados a los bienes raíces, la vivienda y los programas sociales. Véase: John Emmeus Davis, "A New Kind of Redlining: Punishing Success", *Shelterforce*, 6 de mayo de 2013 (*https://shelterforce.org/2013/05/06/a_new_kind_of_redlining_punishing_success/*).

4.

Una reflexión bioética
sobre los fideicomisos
comunitarios de tierras

María E. Hernández Torrales

La casa de un hombre es su castillo,
fortaleza que le sirve como defensa contra
agresiones y violencia, y para el reposo . . .
—Sir Edward Coke (1552–1634), juez y jurista inglés

La vivienda es un tema que invita y convoca. Nos invita a reflexionar sobre el significado de la vivienda en función del desarrollo de los seres humanos. Y nos convoca a actuar, a pasar de una reflexión pasiva a una intervención activa que asegure el bienestar de las personas que no tienen los medios para satisfacer el derecho fundamental a la vivienda. En este capítulo, nos centraremos en el fideicomiso comunitario de tierras, una organización sin fines de lucro creada en torno a las estrategias para adquirir y retener terrenos que satisfagan las necesidades de una comunidad local, como la provisión de tierras para vivienda asequible o para fines agrícolas y de seguridad alimentaria. El fideicomiso comunitario puede analizarse desde dos perspectivas básicas. La primera perspectiva es organizacional: un análisis de la estructura que garantice el cumplimiento de los objetivos de la organización. La segunda perspectiva es moral y tiene que ver con los valores que incitan a los seres humanos a trabajar por otras personas que no gozan de sus derechos fundamentales, como el derecho a la vivienda y al alimento.

Nuestra atención se dirigirá principalmente a esta última perspectiva para demostrar que el fideicomiso comunitario de tierras es un modelo ético. Analizaremos los valores morales que inspiraron a organizaciones sin fines de lucro de base comunitaria a adoptar esta práctica y a establecer fideicomisos comunitarios. Usaremos un análisis bioético, una perspectiva integral que toma en cuenta no solo las necesidades y el desarrollo de los seres humanos, sino también nuestra relación con todo lo que nos rodea como habitantes de un planeta con recursos finitos. Al examinar el modelo del fideicomiso comunitario desde una perspectiva bioética, nos centramos mayormente en el equilibrio entre los intereses individuales y colectivos que conforman una comunidad. Desde este punto de vista, concluimos y afirmamos que el fideicomiso comunitario es un modelo ético con una serie de valores particulares dirigidos a satisfacer el derecho a la vivienda y a una vida digna. En este sentido, llega a su destino recorriendo un camino distinto y aparte del que usualmente sigue una sociedad individualista y fragmentada.

LA BIOÉTICA COMO HERRAMIENTA DE ANÁLISIS Y REFLEXIÓN

En el ensayo "The Land Ethic" [La ética de la tierra] de su publicación clásica *A Sand County Almanac* [*Un almanaque de Sand County*], Aldo Leopold (1949) reflexionó sobre cómo los seres humanos son parte de un sistema ecológico más grande y cómo, en conjunto, las características de la Tierra y de las personas que la habitan determinan el curso de los eventos históricos. Además, todos los códigos éticos se basan en la creencia de que todas las personas son miembros de una comunidad compuesta por partes interdependientes. Por ende, la ética individual que guía las acciones personales en situaciones complicadas o nuevas es lo que mueve a una persona a colaborar con otros miembros de la comunidad.

Van Rensselaer Potter acuñó el término "bioética" en su monografía de 1971 titulada *Bioethics: Bridge to the Future* [*La bioética: un puente al futuro*]. La publicación tenía un fin ambicioso: contribuir al futuro de la humanidad uniendo dos culturas, las ciencias y las humanidades, con una nueva disciplina que denominó "bioética" (Potter, 1971). Potter planteó que toda ética implica acciones compatibles con principios morales. Especificó que es necesario recordar que la ética debe ir acompañada de una comprensión realista de las relaciones entre todos los seres vivientes y el ambiente donde viven; es decir, la ecología en su sentido más abarcador. Los valores éticos no pueden separarse de los hechos biológicos.

Potter también argumentó que "tenemos una necesidad urgente de desarrollar una ética de la tierra, una ética de la vida silvestre, de la población, de consumo, una ética urbana, internacional, geriátrica y así sucesivamente... todas tienen que ver con la bioética. Como sociedad, nos enfrentamos a muchas situaciones problemáticas, incluida la finitud de recursos como el agua y la energía, las presiones del crecimiento poblacional y de una población envejeciente, la falta de vivienda digna y adecuada, nuestro desprecio hacia la naturaleza y la destrucción de esta, el calentamiento global y el cambio climático. Ante todos estos problemas, es necesario combinar el conocimiento científico con los valores filosóficos para traducirlos en sabiduría práctica, de manera que el conocimiento pueda usarse para atender las necesidades humanas holísticas. El conocimiento tiene que fortalecer al individuo y a la sociedad simultáneamente. La bioética promueve un concepto de progreso que prioriza al individuo y al colectivo de forma equitativa. El progreso individual y el progreso social son interdependientes; idealmente, se fomentan de modo que haya un equilibrio equitativo y sostenible (Potter, 1971).

A lo largo de sus cuarenta y ocho años de existencia, la bioética se ha convertido en uno de los campos más desarrollados en el estudio de la ética aplicada. Según el profesor Jorge José Ferrer (2016, 97), Tom Beauchamp y James Childress (1979) hicieron una gran contribución al campo de la bioética al proponer cuatro principios generales como los cimientos del análisis bioético: (1) respeto por la autonomía de nuestras decisiones; (2) no hacer daño; (3) beneficencia; y (4) justicia distributiva.[1] El profesor Ferrer argumenta que estos principios no establecen parámetros específicos para todas las situaciones que enfrentamos a diario, pero si usamos los principios como una estructura básica de deliberación, podemos generar los detalles precisos que guiarán nuestras acciones en una situación específica (Ibid., 71). Según Diego Gracia, el proceso de deliberación en este contexto debe considerar los hechos, los valores contrapuestos, el curso de acción o el cumplimiento del deber, y, finalmente, la mejor solución de conformidad con las normas establecidas por la ley (Seoane, 2016, 493).

El respeto por la *autonomía* de nuestras decisiones supone que nuestras acciones se realizan libremente y con consentimiento informado. Para determinar que una acción es autónoma, esta tiene que ser intencional y haberse realizado con conocimiento y sin controles ni influencias externas. *No hacer daño* implica abstenerse intencionalmente de causar daño. La *beneficencia* requiere que contribuyamos al bienestar de otras personas y que actuemos en su nombre para bien. La *justicia distributiva* está basada en la distribución justa de recursos escasos. Un principio fundamental de la justicia distributiva se basa en la distribución justa de recursos escasos con el fin de proveer los medios materiales que permitan el desarrollo de las capacidades esenciales para una vida productiva (Ferrer, 2006).

EL DERECHO A LA VIVIENDA

Tener una vivienda digna, asequible y segura es uno de los factores vitales para todo ser humano. Es un determinante social de la salud (Hernández, 2016). En las palabras del Tribunal Supremo de los Estados Unidos (*Block v. Hirsch*, 256 US 135, 156 [1921]): "La vivienda es una necesidad básica de vida". Sin una vivienda, no es posible ejercer ningún derecho. Mathew Desmond (2016, 293) ha argumentado que la vivienda es el centro de la vida, el refugio donde descansamos de las presiones externas, el lugar donde podemos ser nosotros mismos. Añade que la vivienda crea estabilidad psicológica, lo que permite que la personas inviertan en sus hogares y relaciones sociales (Ibid, 296). También es un elemento crucial para que los jóvenes completen sus estudios y alcancen la excelencia académica. La estabilidad que provee la vivienda a individuos y familias es la base de una comunidad solidaria controlada por los residentes. Lo contrario también es cierto. Las familias o personas que no tienen un hogar digno, asequible y seguro tienden a ser inestables en cuanto a su hogar, vida familiar, barrio, escuela, trabajo y pertenencias.

La vivienda es un asunto tan importante que está incluida en la Declaración Internacional de Derechos Humanos[2] adoptada por las Naciones Unidas en 1948. El artículo 25 declara que la vivienda es uno de los componentes necesarios para una vida digna y adecuada (NU, 1948, Art. 25). En el contexto de los derechos humanos, la vivienda se relaciona con la solidaridad porque aunque las personas viven en casas, son parte de un vecindario y de una comunidad con un tejido social establecido y su propia red de relaciones. Por consiguiente, podemos inferir que la vivienda es un concepto abarcador que trasciende los aspectos físicos de un espacio de vivienda (Madden, 2017). La vivienda segura, digna y asequible otorga a las personas estabilidad y la capacidad de entablar redes sociales duraderas y vivir en comunidades dinámicas.

En octubre de 2016, la tercera Conferencia Mundial de las Naciones Unidas sobre la Vivienda y el Desarrollo Urbano Sostenible (Hábitat III) celebrada en Quito, Ecuador, avaló la Nueva Agenda Urbana (ONU, 2017). A base del cálculo de que para el año 2030, seis de cada diez personas vivirán en ciudades, la Nueva Agenda Urbana enfatiza una relación entre la urbanización y el desarrollo equitativo mediante la cual las políticas y las estrategias de renovación urbana se interrelacionan con la creación de empleos, más oportunidades para ganarse la vida y una mejoría en la calidad de vida (ONU, 2017, iv). El tema de la vivienda es central en la Nueva Agenda Urbana, así como en otro documento de las Naciones Unidas: *Agenda 2030: Objetivos de Desarrollo Sostenible.* El objetivo de desarrollo sostenible 11, §11.1. busca garantizar que para el año 2030 se hagan mejoras en todas las barriadas, y que todas las personas tengan acceso a una vivienda adecuada, segura y asequible, y a los servicios básicos (ONU, 2015).

Sin embargo, a pesar del consenso internacional sobre la importancia de la vivienda, reconocida por países soberanos y las Naciones Unidas por igual, la realidad vivida por millones de personas en todo el mundo contradice este reconocimiento. Según Clerc (2016), cuarenta años después de la primera Conferencia de Hábitat (Hábitat I), que sentó la base del programa Hábitat de las Naciones Unidas, cerca de cien millones de personas viven en asentamientos precarios o en la calle. A estas personas se les excluye de recibir servicios esenciales y de tener una infraestructura básica debido a estigmas y estereotipos negativos. Millones de otras personas han sido desplazadas, desprovistas de sus hogares por problemas de planificación o desastres relacionados con el cambio climático (Alto Comisionado de las Naciones Unidas para los Refugiados, 2019); o las han forzado a vivir en campos de refugiados a causa de guerras o de políticas públicas discriminatorias (Newey, 2019). Muchas personas que sí tienen donde vivir se ven obligadas a vivir indigna e inadecuadamente como resultado de la pobreza, la inequidad, el discrimen y la injusticia ambiental (Clerc, 2016).

También hay muchas comunidades de personas de bajos ingresos que viven con el miedo constante de ser desplazados por las presiones del mercado. Esto es particularmente cierto en asentamientos informales, donde cientos o incluso miles de personas están viviendo en tierras sobre las que no tienen un derecho seguro de propiedad ni de uso.[3] Asimismo, los eventos naturales extremos como huracanes, inundaciones, fuegos forestales, mareas altas o sequías pueden causar el desplazamiento involuntario de personas de bajos ingresos, a quienes se les hace imposible regresar y reconstruir debido a una combinación de políticas públicas y especulaciones privadas de "capitalistas del desastre" que han usurpado las tierras recién despejadas.

Muchos países desarrollados y subdesarrollados tratan la tierra y la vivienda como lujos para quienes pueden pagar el precio. Se convierten en objeto de especulación, acumulación ilimitada y generación de riqueza. Cuando se piensa que la tierra y la vivienda son bienes comerciales en lugar de necesidades básicas, es muy difícil que se traten como un derecho humano (Farha, 2018).

LA VIVIENDA COMO UNA CAUSA DE SEGREGACIÓN Y DISCRIMINACIÓN

Hay una crisis de vivienda que afecta a personas en todo el mundo. El análisis bioético presentado en este ensayo es válido donde sea que haya insuficiencia de viviendas, problema que aqueja a individuos y familias en muchos países. No obstante, para fines de esta reflexión, nos centraremos en la situación de vivienda en los Estados Unidos y su trayectoria.

Las prácticas discriminatorias en Estados Unidos se han manifestado en todos los ámbitos, públicos y privados, pero particularmente en la producción, el financiamiento y la reglamentación de la vivienda. En su importante libro, *The Color of Law: A Forgotten History of How Our Government Segregated America* [*El color de la ley: la historia olvidada de cómo nuestro Gobierno segregó los Estados Unidos*], Richard Rothstein (2017) describe cómo el Gobierno federal desarrolló viviendas durante la Primera Guerra Mundial para personas que trabajaban en industrias relacionadas con la defensa; es decir, para quienes trabajaban en astilleros y plantas de municiones. Los 83 proyectos de vivienda desarrollados por el Gobierno en 26 estados fueron ocupados por 170 000 personas blancas de clase trabajadora y sus familias. Se excluyó a los trabajadores negros de estos proyectos de vivienda, incluso de los desarrollos cerca de zonas industriales donde las personas negras representan un alto porcentaje de la fuerza laboral. Durante el mismo periodo, las políticas establecidas por el Gobierno federal y por las administraciones estatales impusieron prácticas segregacionistas que forzaron a las personas negras a vivir en barriadas hacinadas lejos del centro de la ciudad y de las oportunidades de empleo (Rothstein, 2017). Los planificadores urbanos diseñaron vecindarios reservados para personas blancas. Se excluyó o sacó intencionalmente a la población negra de estas áreas.

Durante la Segunda Guerra Mundial, la escasez de vivienda se agudizó para las familias de ingresos bajos y moderados en los Estados Unidos. Como respuesta, las políticas implementadas por Franklin Delano Roosevelt bajo el Nuevo Trato llevaron a la creación de los primeros proyectos de vivienda pública para civiles que no fueran parte de un programa de defensa. La raza determinó el diseño del programa. Se construyeron proyectos separados para las personas negras, pues se les excluyó totalmente de los proyectos designados para personas blancas. En los pocos casos en que el proyecto tenía residentes de ambas razas, se segregaban los edificios por raza.

El primer proyecto de la Administración de Obras Públicas, Techwood Homes en Atlanta, se inauguró en 1935 y es un excelente ejemplo de la aplicación y el efecto de esta política discriminatoria (Rothstein, 2017). Se construyó en terrenos donde, desde hacía mucho tiempo, residía una comunidad de 1600 familias racialmente diversas (familias negras y blancas). Para construir el nuevo complejo de vivienda, el Gobierno federal demolió las estructuras donde vivían dichas familias y las reemplazó con 604 unidades de vivienda reservadas exclusivamente para gente blanca. Esta acción del Gobierno no solo creó una comunidad segregada donde antes hubo una comunidad integrada, sino que además forzó a las familias desplazadas a buscar vivienda en lugares donde los afroamericanos ya vivían hacinados, lo que intensificó la segregación racial en Atlanta.

La política pública también llevó a la creación de nuevas barriadas como la única opción de vivienda para las personas negras y de escasos recursos materiales. *The Housing Handbook* [*El manual de la vivienda*], redactado por la Autoridad de Vivienda de los EE. UU. como una guía para los estados, establecía que la naturaleza racial de las comunidades debía preservarse. Así se justificó la segregación donde ya existía y se implementaron prácticas segregacionistas donde no las había (Rothstein, 2017). *El manual* también reforzaba la creencia común de que cualquier movilización de personas negras a comunidades blancas podría amenazar los valores de las propiedades.

Gran parte de las viviendas producidas con fondos provistos por la Ley de Vivienda de 1949 y sus enmiendas posteriores promovieron la agudización de la segregación. En 1984, según Rothstein, unos periodistas investigativos del medio *Dallas Morning News* visitaron proyectos de vivienda pública financiados por el Gobierno federal en cuarenta y siete áreas metropolitanas de los Estados Unidos. Los periodistas hallaron que cerca de diez millones de residentes vivían en proyectos segregados por raza. También descubrieron que en los proyectos con una población principalmente blanca, las instalaciones, los servicios y el mantenimiento eran superiores en comparación con los proyectos donde vivían personas negras.

Quizás las políticas y prácticas segregacionistas no se manifiestan de una manera tan obvia en la actualidad. Muchas están camufladas, pero se unen y conspiran para hacer casi imposible que las personas negras de bajos ingresos tengan acceso a una vivienda digna. Entre estas políticas y prácticas discriminatorias se encuentran la zonificación exclusiva, los precios exorbitantes de la tierra y la vivienda, el desarrollo de vecindarios con acceso controlado y la falta de inversiones públicas y préstamos privados en áreas pobres, particularmente donde viven personas negras. Del mismo modo, por lo general, la calidad de la infraestructura pública y los servicios gubernamentales ofrecidos en áreas pobres son inferiores a los que se ofrecen en áreas donde viven personas con mayor capacidad adquisitiva.

Cada día, menos personas tienen acceso a una vivienda adecuada. Según el reconocido arquitecto y planificador urbano Jaime Lerner (2014), la falta de acceso a la vivienda es una de las causas principales de pobreza en Estados Unidos y uno de los problemas más urgentes del país. En esta misma línea, en un estudio etnográfico realizado en Milwaukee,

Wisconsin, Mathew Desmond (2016) de la Universidad de Harvard halló que los ingresos de las familias se habían estancado e incluso reducido, mientras el costo de la vivienda aumentaba drásticamente. Las familias que participaron en este estudio se hicieron más pobres con cada desahucio. Desmond aseveró que, hasta la fecha, la mayoría de las familias de bajos ingresos que viven alquiladas se ven obligadas a gastar más de la mitad del ingreso familiar en renta y servicios básicos, y al menos uno de cada cuatro inquilinos de bajos ingresos tiene que gastar más del 70% del ingreso familiar en costos de vivienda.

Millones de personas en los Estados Unidos sufren desalojos todos los años por no poder pagar su renta. Los desplazan mediante órdenes de desalojo emitidas por un tribunal, o se hacen desalojos informales al margen de la ley. En 2013, una de cada ocho familias inquilinas en los Estados Unidos no podía pagar el alquiler de su vivienda; una cantidad similar de familias tenía la certeza de que, a la larga, las desahuciarían (Desmond, 2016).

Los inquilinos no son los únicos que enfrentan la posibilidad de perder sus hogares. Lo mismo puede ocurrir en el caso de los propietarios de bajos ingresos. Según Gottesdeiner (2013), entre 2007 y 2013, diez millones de estadounidenses perdieron sus hogares por ejecuciones hipotecarias. La Gran Recesión hizo mucho más daño a las personas de color que a las blancas. James Carr y Katrin Anacker (2012, 3) describieron la experiencia de los afroamericanos, latinoamericanos y estadounidenses de origen asiático como "una pérdida de riqueza catastrófica como resultado de la ruptura de la burbuja inmobiliaria nacional en 2006, y de la crisis de ejecuciones hipotecarias subsiguiente que empezó a principios de 2007; eventos que tuvieron un efecto desproporcionado en las familias y comunidades de color".[4] Según las estadísticas gubernamentales, en Puerto Rico se realizaron 40 136 ejecuciones hipotecarias entre 2008 y 2018, lo que probablemente significa que la misma cantidad de familias perdieron sus hogares.

Ya sea mediante la intervención del Gobierno o por esfuerzos privados, se deben combatir las políticas, las prácticas y los patrones discriminatorios hasta erradicarlos. También es responsabilidad de las personas que creen en la justicia racial y económica denunciar la discriminación y buscar soluciones para mitigar la disparidad en la provisión de viviendas adecuadas y dignas para personas con ingresos que no les permiten acceso a estas.

LA BIOÉTICA DE LOS FIDEICOMISOS COMUNITARIOS DE TIERRAS

Las políticas que afectan los asuntos de vivienda están vinculadas con las políticas sobre el uso de la tierra (Clerc, 2016). Las diferentes estrategias y reglamentaciones relacionadas con los bienes raíces determinan quién se beneficia (o no) del uso de la tierra, de las oportunidades provistas por la tierra, y de la riqueza que esta produce. También es importante destacar que las decisiones relacionadas con la tierra están influenciadas por los valores y las perspectivas éticas de quienes la usan. Si se considera que la tierra es un bien común, un legado recibido de pasadas generaciones, que se nos ha encomendado para beneficio de las generaciones futuras, nuestras acciones pertinentes al uso de la tierra estarán moldeadas y restringidas por esa perspectiva. En cambio, si consideramos que la tierra (y lo que esté construido allí) es un bien comercial, sujeto a la especulación de precios y a la exclusión social, procederemos consecuentemente.

Esta última perspectiva prevalece en el mundo entero, a pesar de las consecuencias que han demostrado ser perjudiciales y dañinas para millones de personas que no tienen acceso seguro a la tierra y la vivienda. Se trata de un problema social presente en todo el mundo, que requiere soluciones que tomen en cuenta las necesidades de las personas para quienes es esencial tener una vivienda digna y las necesidades colectivas de la comunidad en general. Las medidas deben ser sensibles a buscar este equilibrio mientras mantiene un enfoque ético y axiológico en crear las condiciones para una vida digna.

En este sentido, el modelo del fideicomiso comunitario de tierras es un modelo ético que satisface la necesidad humana de una vivienda segura, digna y asequible, aun cuando toma en cuenta a la comunidad aledaña. Los intereses individuales se garantizan mediante la propiedad personal de la estructura de vivienda. Los intereses colectivos se garantizan mediante la propiedad, la custodia y el control de la tierra por parte de la comunidad. La titularidad y administración de la tierra en un fideicomiso comunitario están a cargo de una organización sin fines de lucro con una estructura de gobernanza democrática y sensible a las necesidades de la comunidad. Tanto la estructura de vivienda como el terreno se retiran del mercado especulativo, lo que asegura que las familias de ingresos bajos o moderados puedan ejercer su derecho a una vivienda digna independientemente de su origen o raza. Como la vivienda es asequible a perpetuidad, ese derecho se protege y extiende a largo plazo.

Para efectos de este ensayo, es importante mencionar los valores inherentes del modelo del fideicomiso comunitario. Davis (2010) ha documentado los orígenes y el desarrollo del fideicomiso comunitario de tierras en los Estados Unidos, un modelo que surgió del movimiento por los derechos civiles en el sur de dicho país y de un semillero de ideas teóricas, movimientos políticos y experimentos sociales que se acumularon durante muchas décadas. Todo comenzó con una perspectiva diferente sobre cómo se debe adquirir y usar la tierra. Específicamente, se debe reconocer el valor intrínseco de la tierra como una herencia compartida; repudiar la compra y venta especulativa de la tierra; y usar la tierra a fin de captar riqueza para el beneficio común de todos los residentes y no como una ventaja exclusiva de unos cuantos propietarios. Las viviendas podían ser propiedad legítima de los individuos, pero la tierra pertenecía por derecho a la comunidad, la cual tenía una responsabilidad compartida de cuidarla y preservarla para las generaciones futuras.

Este principio de encontrar y sostener un equilibrio entre el individuo y la comunidad es central en la bioética. También es parte esencial de la misión del fideicomiso comunitario de tierras. Hace mucho tiempo, en uno de los primeros libros escritos sobre este nuevo modelo de tenencia en 1982, los autores explicaron por qué el fideicomiso comunitario era necesario y cómo funcionaba:

Nuestras disposiciones actuales sobre la propiedad no funcionan bien. Tiene sentido buscar estrategias alternativas que estén basadas en el respeto hacia los intereses legítimos de los individuos y las comunidades, y que provean un medio efectivo para equilibrar estos intereses. El modelo del fideicomiso comunitario es una de estas estrategias (Instituto de Economía Comunitaria, 1982, 8).

También cabe destacar el carácter democrático e inclusivo de la gobernanza de la mayoría de estos fideicomisos. El modelo fortalece y empodera a los miembros de la comunidad, pues les permite ejercer cierto control sobre los terrenos del fideicomiso, las estructuras construidas allí y los servicios de custodia y administración provistos para la protección a largo plazo de los edificios y las personas que los ocupan. La organización tiene una presencia constante con una membresía corporativa y una estructura de gobernanza conformadas por los residentes de la comunidad que sirve. Esta relación también se nutre con la inclusión de un grupo de personas informadas sobre las decisiones de desarrollo de la organización y sus procesos de formulación de políticas.

El modelo del fideicomiso comunitario de tierras tiene tres elementos intrínsecos: desarrollo comunitario sostenible dirigido por una organización que rinde cuentas a su comunidad; desarrollos realizados con el objetivo principal de proveer vivienda asequible a perpetuidad para personas de bajos ingresos; y desarrollos en tierras de propiedad comunitaria fuera del alcance del mercado. Esta combinación de elementos permite que una comunidad mantenga su integridad física, conserve su herencia cultural y proteja los atributos naturales de la tierra para las próximas generaciones.

Según Davis (2010), a esta estructura básica, también conocida como el modelo "clásico" del fideicomiso comunitario, le precede y sucede una gran adaptabilidad que permite que las organizaciones ajusten el modelo acorde con las necesidades y preferencias de su comunidad. Pero a pesar de su versatilidad, todo fideicomiso comunitario establecido sigue un modelo de valores similares que surgen de un sentido de responsabilidad de prevenir el desplazamiento de poblaciones vulnerables y satisfacer las necesidades básicas de las personas excluidas de las corrientes políticas y económicas dominantes. Esto no es beneficencia social, sino mejoramiento personal y empoderamiento colectivo; es un programa centrado en el desarrollo de seres humanos como ciudadanos que ejercen sus derechos y deberes.

El fideicomiso comunitario nacido en Estados Unidos continental ha servido de inspiración a organizaciones comunitarias en otros países. Esto incluye dos fideicomisos comunitarios muy diferentes y distanciados geográficamente, pero con propósitos similares. Uno se organizó en San Juan, Puerto Rico y el otro, en Voi, Kenia.[5] El propósito de ambos era formalizar y estandarizar la relación con la tierra para beneficio de los residentes que vivían en asentamientos informales sin títulos de propiedad. Los fideicomisos les otorgaron seguridad de la tenencia como individuos y les permitieron tener el control colectivo de su propio desarrollo y de su entorno, lo que evita el desplazamiento involuntario de personas de bajos ingresos.

El tipo de titularidad y uso de la tierra en un fideicomiso comunitario es muy distinto a la tradición predominante de tratar la tierra como una mercancía sujeta a los precios del mercado y al acaparamiento especulativo. Los fideicomisos viven y practican una ética de la tierra que se parece más a lo que instaba Aldo Leopold en *A Sand County Almanac* (1949): tratar la tierra como un legado que se nos ha encomendado para beneficio de las generaciones futuras. El terreno común del fideicomiso comunitario se pone al servicio del bien común. Además, cuando la tierra queda bajo el control de una organización que rinde cuentas ante una comunidad específica, los miembros de esta comunidad pueden administrarla y desarrollarla con un sentido de custodia y responsabilidad permanente, aunque no les pertenezca personalmente.

Dicha ética de la tierra se combina con la atención que merece la persona que disfrutará de la estructura o de las mejoras en el terreno. Según los datos provistos por la Grounded Solutions Network, de una red que cubre 2844 familias (o individuos) que viven en unidades propias en 32 fideicomisos comunitarios en los Estados Unidos de América, el 63% corresponde a hogares con jefas de familia (Grounded Solutions Network, 2019).

Coexisten armoniosamente dos derechos legales en la misma forma de tenencia: el derecho colectivo a la tierra con gobernanza comunitaria y el derecho individual a las mejoras estructurales adquiridas y disfrutadas por la persona que compra o construye la estructura. Ambos contribuyen al empoderamiento de la comunidad aledaña a la propiedad, lo que a su vez refuerza el tejido social y sienta las bases para el bienestar personal y la colaboración.

Al mismo tiempo, este modelo mixto de tenencia contribuye a la creación de comunidades con conciencia ecológica capaces de lidiar con cambios y con el compromiso de realizar desarrollos sostenibles en su entorno. Esta ha sido la experiencia de muchos fideicomisos comunitarios, particularmente el que crearon las comunidades del Caño Martín Peña en San Juan, Puerto Rico. El Fideicomiso Comunitario de la Tierra del Caño Martín Peña está haciendo posible el Proyecto de Restauración del Ecosistema del Caño Martín Peña, un proyecto de justicia ambiental que beneficiará tanto a las comunidades del Caño Martín Peña como a la ciudad capital de San Juan. Durante muchos años, las aguas supercontaminadas de este canal han inundado las viviendas empobrecidas de los residentes de las comunidades aledañas al Caño Martín Peña. Es necesario dragar el canal para poder controlar las inundaciones. Por ende, hay que reubicar a muchas familias y es necesario construir infraestructura nueva. Como dueño y custodio de las tierras aledañas al canal que antes pertenecían al Gobierno, el Fideicomiso del Caño Martín Peña las ha hecho accesibles para la reubicación de residentes y para la construcción de una infraestructura adecuada que mantenga el agua del canal limpia después del dragado.

Hacer la tierra accesible para estos fines fue una decisión consciente y concienzuda del fideicomiso comunitario y de los residentes que viven en sus tierras. Es importante mencionar que si la propiedad de la tierra fuera individual y dirigida por el mercado, no hubiera sido posible que las comunidades del Caño Martín Peña recibieran los siguientes beneficios: agua limpia, el dragado del canal y la permanencia de las comunidades en un área que ha sido el hogar de muchas personas durante un siglo (Algoed, Hernández y Rodríguez, 2018).

También debemos prestar atención a otro elemento de los fideicomisos comunitarios tan importante como su contribución a la conservación del ambiente: lo que hacen por las personas que se benefician de una administración y custodia prudentes de la tierra y otros activos. Podemos poner la ética de este modelo en perspectiva aplicando los cuatro principios generales que constituyen la base de la bioética, presentados al principio de este ensayo (respeto hacia la autonomía de nuestras decisiones, no hacer daño, beneficencia y justicia distributiva).

Por tanto, los fideicomisos comunitarios proveen bienes colectivos para familias de bajos ingresos y comunidades marginadas que de otro modo no hubieran tenido acceso a estos recursos y a los beneficios implicados. Cuando una familia o una persona de bajos ingreso adquiere un hogar de un fideicomiso comunitario, toma una decisión voluntaria tras un proceso informado sobre la estructura del modelo del fideicomiso, su propósito de proveer asequibilidad duradera y beneficios para la comunidad, y las implicaciones de este acuerdo para el comprador. El fideicomiso comunitario educa y alerta a la familia o al individuo sobre las restricciones de reventa cuyo fin es mantener los hogares asequibles para generaciones futuras de compradores de bajos ingresos; la estructura de gobernanza del fideicomiso que requiere participación comunitaria; y el hecho de que la organización retiene la titularidad de la tierra, mientras que la familia o el individuo adquiere solamente las mejoras construidas allí.

Los fideicomisos comunitarios hacen posible que las familias de bajos ingresos puedan comprar y disfrutar un hogar sin sacrificar otras necesidades importantes. En este sentido, el fideicomiso comunitario cumple con el principio de no hacer daño. El modelo también cumple satisfactoriamente con el principio de beneficencia, pues ofrece una manera efectiva de satisfacer una de las necesidades más importantes y urgentes de todo ser humano: adquirir un hogar. Pero las organizaciones de fideicomisos comunitarios van más allá porque también crean empleos, promueven la calidad de vida, crean hogares de bajo consumo energético y revitalizan vecindarios (Thaden y Lowe, 2014).

Las prácticas orientadas al mercado no satisfacen las necesidades de vivienda de individuos y familias de ingresos bajos y moderados. En un ambiente de mercado, no hay justicia ni igualdad cuando un comprador no tiene los recursos para adquirir o mantener un hogar. Los bancos hipotecarios y otras instituciones financieras tienen una sola prioridad: hacer dinero para sus inversionistas. Por su parte, las organizaciones de fideicomisos comunitarios hacen posible que las personas pobres adquieran y mantengan viviendas dignas y de calidad que pueden costear. Al mismo tiempo, el modelo del fideicomiso comunitario ha ayudado a estas familias o personas a generar riqueza y mejorar su futuro.

La pregunta que guía un análisis bioético es la misma que nos lleva a preguntarnos y a determinar "¿qué es lo correcto?". Al deliberar sobre las consecuencias negativas de tratar la tierra como mercancía, ya sea para la provisión de vivienda o la preservación de tierras agrícolas, queda claro que por su tratamiento ético a la tierra, un fideicomiso comunitario tiene más probabilidades de dar resultados que aseguren el derecho a la vivienda y una oportunidad de promover la seguridad alimentaria. Debemos considerar seriamente este modelo. El presente argumento se sustenta con el hecho de que, al momento, el modelo del fideicomiso comunitario ayuda a mitigar la desigualdad en la provisión de vivienda adecuada y digna para miles de personas cuyos ingresos no les permiten acceder a estos recursos. Y lo confirmamos con la cantidad cada vez mayor de fideicomisos comunitarios que se están organizando en el mundo y que hemos presentado en los capítulos previos de esta publicación.

Notas

1. Beauchamp y Childress presentaron los cuatro principios (respeto a la autonomía, no hacer daño, beneficencia y justicia) en *The Principles of Biomedical Ethics* [*Principios de la ética biomédica*] (1979). Actualmente en su séptima edición, esta publicación tuvo una gran influencia en los campos incipientes de la ética biomédica y la bioética.

2. *La Carta Internacional de Derechos Humanos consiste en la Declaración Internacional de Derechos Humanos, el Pacto Internacional de Derechos Civiles y Políticos con sus dos protocolos opcionales, y el Pacto Internacional de Derechos Económicos, Sociales y Culturales.*

3. Las comunidades del Caño Martín Peña en Puerto Rico y las favelas de Brasil, descritas en capítulos previos de este libro, son excelentes ejemplos.

4. Véase: James H. Carr y Katrin B. Anacker, *Long-Term Social Impacts and Financial Costs of Foreclosure on Families and Communities of Color: A Review of the Literature* (Washington DC: Annie E. Casey Foundation, National Community Reinvestment Coalition, 2012: 3).

5. El fideicomiso comunitario de tierras en San Juan, Puerto Rico se discute en el undécimo capítulo de esta publicación; la iniciativa en Voi, Kenia se discute en el decimocuarto capítulo.

Referencias

Algoed, L., Hernández, M. y Rodríguez, L. (2018). El Fideicomiso de la Tierra del Caño Martín Peña: instrumento notable de regularización de suelo en asentamientos informales. *https://www.lincolninst.edu/publications/working-papers/el-fideicomiso-la-tierra-del-cano-martin-pena*.

Beauchamp, T.L. y Childress, J.F. (1979). *The Principles of Biomedical Ethics*. Nueva York: Oxford University Press.

Block v. Hirsch (1921). 256 Tribunal Supremo de los Estados Unidos, 135, 156.

Clerc, V. (2016). "An outcry against informality. The impact of land on the treatment of precarious settlements, as spaces of political competition." Págs. 105–118 en *Rethinking Precarious Neighborhoods*. París: AFD.

Constitución de la Nación Argentina (1994, 22 de agosto).

Constitución Española (1948, 29 de diciembre).

Constitución de la República de Ecuador (2008, 20 de octubre).

Davis, J.E. (2006). "Development without displacement: Organizational and operational choices in starting a community land trust." Reimpresión en: *The Community Land Trust Reader*, J.E. Davis (ed.). Cambridge, Massachusetts: Lincoln Institute of Land Policy, (2010. 259–268).

Davis, J.E. (2010). "Origins and evolution of the community land trust in the United States." Págs. 3–47 en *The Community Land Trust Reader*. Cambridge, Massachusetts: Lincoln Institute of Land Policy.

Desmond, M. (2016). *Evicted: Poverty and Profit in the American City*. Nueva York: Crown Publishers.

Farha, L. (2018). *Informe del relator especial sobre la vivienda adecuada como elemento integrante del derecho a un nivel de vida adecuado, y sobre el derecho a no ser discriminado en este contexto*. https://www.undocs.org/A/73/310/rev.1.

Ferrer, J.J. (2013). "Teoría ética y deliberación bioética." Págs. 41–85 en *Ensayos en bioética: una perspectiva puertorriqueña*. San Juan, Puerto Rico: Universidad de Puerto Rico.

Ferrer, J.J. (2016). "Bioéticas principalistas." Págs. 91–116 en *Bioética: el pluralismo de la fundamentación*. Madrid: R.B. Servicios Editoriales, S.L.

Gottesdeiner, L. (2013). "Los bancos han despojado a diez millones de estadounidenses de sus hogares, a menudo a mano armada". https://www.alternet.org/2013/08/10-million-americans-foreclosed-neighborhoods-devastated/.

Grounded Solutions Network (2018). HomeKeeper—Datos administrativos del Centro de Datos Nacionales. Obtenido mediante una solicitud de información el 30/4/2019.

Hernández, D. y Suglia, S. (2016). "Housing as a social determinant of health." https://healthequity.globalpolicysolutions.org/wp-content/uploads/2016/12/Housing2.pdf.

Ley de la Vivienda de 1949, Ley Pública 81–171, 1949.

Institute for Community Economics (1982). *The Community Land Trust Handbook*. Emmaus, Pensilvania: Rodale Press.

Leopold, A. (1949). "The land ethic." Págs. 237–264 en *A Sand County Almanac*. Nueva York: Oxford University Press, Inc.

Lerner, J. (2014). *Urban Acupuncture*. Washington: Island Press.

Madden, D. y Marcuse, P. (2017). "The residential is political." Págs. 26–30 en *The Right to the City: A Verso Report*. Brooklyn, Nueva York: Verso.

McNaughton, C. (2010). "Housing, homelessness and capabilities." *Housing, Theory and Society.* doi: 10.1080/14036090902764588

Midheme, E., Moulaert, F. (2013). "Pushing back the frontiers of property: Community land trusts and low-income housing in urban Kenya." *Política de uso de la tierra,* 35, 73–84.

Millones de personas viven sin techo o en casas inadecuadas, un asalto a la dignidad y a la vida. (2018). *https://news.un.org/es/story/2018/07/1437721.*

Newey, S. (2019). "Más de setenta millones de personas se vieron obligadas a abandonar sus hogares por motivos de guerra o persecución." *The Telegraph. https://www.telegraph.co.uk/global-health/climate-and-people/70-million-people-forced-flee-homes-war-persecution/.*

Oficina del Comisionado de Instituciones Financieras (2019, marzo). Ejecuciones hipotecarias de unidades residenciales por institución. *http://www.ocif.pr.gov/Datos Estadisticos/Pages/default.aspx.*

Organización de las Naciones Unidas (1948). Declaración universal de derechos humanos. *https://www.un.org/es/documents/udhr/UDHR_booklet_SP_web.pdf.*

Organización de las Naciones Unidas (2015). Objetivos de desarrollo sostenible. Nueva agenda urbana. *https://www.un.org/sustainabledevelopment/es/cities/.*

Organización de las Naciones Unidas (2017). Nueva agenda urbana. Conferencia de las Naciones Unidas sobre la Vivienda y el Desarrollo Urbano Sostenible (Hábitat III). *http://habitat3.org/wp-content/uploads/NUA-Spanish.pdf.*

Potter, V. (1971). *Bioethics: Bridge to the Future.* Nueva Jersey: Prentice-Hall, Inc.

Rothstein, R. (2017). *The Color of Law: A Forgotten History of How our Government Segregated America.* Nueva York: Liveright Publishing Corporation.

Seoane, J. A. (2016). Argumentación jurídica y bioética. Examen teórico del modelo deliberativo de Diego Gracia. Anuario de Filosofía del Derecho, XXXII, 489–510.

Swann, Robert, Shimon Gottschalk, Erick Hansch y Edward Webster (1972). *The Community Land Trust: A Guide to a New Model for Land Tenure in America.* Cambridge, Massachusetts: Center for Community Economic Development.

Thaden, E. y Lowe, J. (2014), "Resident and community engagement in community land trusts." *https://www.lincolninst.edu/sites/default/files/pubfiles/2429_1774_thaden_wp14et1.pdf.*

Alto Comisionado de las Naciones Unidas para los Refugiados (2019), *Climate Change and Disaster Displacement,* accedido el 27 de agosto de 2019 en *https://www.unhcr.org/climate-change-and-disasters.html.*

5.

Cómo preservar la generatividad urbana

La función de los espacios porosos en proyectos de fideicomisos comunitarios de tierras

Verena Lenna

Durante los pasados treinta años, como mínimo, la condición urbana se ha descrito como cada vez más segregada y enclavada (Blakely y Snyder, 1997; Soja, 2000; Low, 2001). En las ciudades se libra una guerra entre las corporaciones por medio de la aplicación de reglamentaciones existentes y la construcción de perímetros de consumo. La pérdida de urbanidad es producto de procesos de privatización, expropiación y expulsión (Sassen, 2014; 2015). La privatización mediante la apropiación de tierras urbanas despoja a la mayoría de los ciudadanos del derecho de acceso y uso de la tierra, lo que produce una pérdida de urbanidad. La privatización de la tierra también suprime el derecho de decidir cómo esta se usará, pues la propiedad está en manos privadas. A menudo, esto también ocurre con espacios públicos de propiedad privada.[1] A pesar de las condiciones impuestas por un municipio al aprobar nuevos desarrollos que requieren el acceso público continuo a una plaza o un jardín, estos espacios pueden funcionar en términos bastante exclusivos debido a malas decisiones de diseño y a la escasa participación de la comunidad local (Schmidt, Nemeth y Botsford, 2011). Lo mismo es cierto para muchos edificios adquiridos por corporaciones foráneas o inversionistas adinerados, que dejan de estar disponibles para el uso de una comunidad local. Se mantienen vacantes, ocupados durante una parte del año solamente o en espera de algún tipo de renovación.[2]

Por otro lado, las ocupaciones espontáneas y el establecimiento de usos temporales por comunidades locales han mostrado las diferentes necesidades que los edificios y espacios abandonados podrían atender, tanto individual como colectivamente. En los últimos años, el reclamo del derecho a la ciudad ha producido una ciudad de derechos. La proliferación de las iniciativas ciudadanas demuestra la creatividad inagotable de las comunidades locales al cuidar y usar los recursos disponibles, y al inventar nuevas formas de administrarlos, mientras movilizan una amplia gama de capacidades y recursos que a menudo son desconocidos para los funcionarios públicos o incompatibles con sus políticas (proyectos Ferguson y Urban Drift, 2014). En muchos casos, las prácticas que han surgido informalmente respecto a la necesidad de compartir y administrar recursos comunes han tenido tanto éxito que captaron el interés y el apoyo de Gobiernos municipales.[3]

Debido a una propuesta exclusiva para el uso de los recursos, no solamente se pierden tierras urbanas y el derecho de las comunidades de decidir cómo las desarrollarán y usarán, sino que además se pierde la posibilidad de encuentros espontáneos entre los actores y las comunidades, que les permiten interactuar y compartir sus necesidades y capacidades. Durante estos encuentros, ambas partes pueden desarrollar reciprocidades, reaccionar a condiciones represivas, de ser necesario, y generar estrategias y respuestas innovadoras para las necesidades emergentes.

La capacidad de las ciudades de producir nuevos recursos continuamente, como resultado de la diversidad y complejidad del entorno urbano, puede llamarse "generatividad urbana". Según se pretende demostrar en este capítulo, los fideicomisos comunitarios de tierras pueden evitar que se pierda dicha capacidad. Pueden considerarse laboratorios donde se fomenta la generatividad urbana.

LA GENERATIVIDAD URBANA COMO RIQUEZA COMÚN DE LAS CIUDADES

La primera persona en sugerir el concepto de generatividad fue Edmund Husserl, mayormente en la década de los años treinta, para describir la naturaleza transformadora de los procesos de formación, generación tras generación, a base de elementos y materiales existentes, en lugar de surgir como una nueva creación no acondicionada.[4] La generatividad aplicada a las ciudades podría explicar eficazmente el ingenio y la adaptabilidad de estas. Como lo demuestran sus historias, las ciudades son organizaciones adaptables. Tienen la capacidad inherente de generar los recursos que necesitan para poder transformar y enfrentar los retos socioespaciales, esperados o inesperados, que surgen con el paso del tiempo. Esto es posible por la acumulación de recursos materiales e inmateriales, y por los tipos de conocimiento y experiencia que las ciudades atraen constantemente: lo que Hardt y Negri han llamado la "riqueza común" (Hardt y Negri, 2009).

Actualmente, esta capacidad para generar recursos también se está teorizando gracias al discurso emergente de "bienes comunes". Si bien algunos académicos consideran que la ciudad completa es un bien común (Salzano, 2009; Marella, 2012; Stavrides, 2016), otros prefieren referirse a los "bienes comunes urbanos" como un señalamiento sobre la especificidad de algunas formas de bienes comunes que se generan en un contexto urbano. En ambos casos, está implicado un proceso generativo del procomún. Entre las numerosas definiciones y conceptualizaciones de los bienes comunes, la de Massimo De Angelis y Stavros Stavrides (AnArchitektur, 2010) destaca este proceso precisamente:

Los bienes comunes no son solo recursos que compartimos; la conceptualización del procomún incluye tres elementos simultáneos. En primer lugar, los bienes comunes implican algún tipo de recurso común, que se considera un medio no comercializado para satisfacer las necesidades de las personas. En segundo lugar, siempre son las comunidades las que crean y sostienen un bien común... Las comunidades son grupos de comuneros que comparten estos recursos y definen las reglas para su uso y acceso. . . . Además de estos dos elementos (los recursos comunes y el grupo de comunidades), el tercer elemento, y el más importante en términos de la conceptualización de los bienes comunes, es el verbo "comunear": el proceso social que crea y reproduce los bienes comunes.

La riqueza común de las ciudades es su capacidad latente de innovar y dar soluciones reciclando y reinventando recursos existentes, ya sean materiales o inmateriales. Intuitivamente, cuanta más capacidad de interacción y compenetración tengan las personas y los colectivos, los ciudadanos y otros participantes, más grande se hace el campo de posibilidades, habilidades y experiencia del cual pueden surgir nuevos recursos y estrategias innovadoras que satisfagan necesidades diversas. La generatividad urbana trata sobre la abundancia que se deriva de la oportunidad de cooperar y hacer intercambios continuamente, de modo que se compense por la escasez de muchos recursos reales o artificiales, y, por ende, se resista la estrecha visión de mundo producida por la escasez y por los riesgos relacionados con el individualismo y la desafiliación, como señaló Castel (Castel y Haroche, 2001). Esta capacidad es de suma importancia para contrarrestar la privatización creciente de los recursos y las capacidades cada vez más limitadas de los Estados benefactores, pues opera trastocando las tendencias excluyentes de enclave en la administración de recursos.

La generatividad urbana depende de condiciones que permitan que los recursos y la experiencia existentes circulen y se combinen, desarmen, recombinen y transformen según los contextos y las necesidades específicas de las comunidades implicadas. La generatividad urbana se ve limitada por políticas y formas de apropiación que definen ámbitos exclusivos y homogéneos de interacciones y gobernanza; y por la imposición de formas de gobierno *a priori* concebidas externamente que no tienen la capacidad de responder al entorno. Por otro lado, la riqueza común es propulsada y valorada creando las condiciones para la interacción de diferentes actores y su experiencia. El modelo del fideicomiso comunitario de tierras plantea una propuesta viable en esa dirección.

EL ESPACIO ES IMPORTANTE

El modelo del fideicomiso comunitario de tierras se basa en el reconocimiento de un "conjunto de derechos".[5] Específicamente, los derechos de grupos de usuarios, habitantes, propietarios y administradores de terrenos y edificios, quienes crean las reglas colectivamente y comparten las responsabilidades pertinentes a algún proyecto de un fideicomiso comunitario. La otorgación de derechos equitativa y sostenible debe permitir que un fideicomiso comunitario cumpla su propósito principal: la preservación de la tierra y su desarrollo por el bien común.

Los derechos, las reglas y las responsabilidades se definen inevitablemente por el contexto y las condiciones en que se establece un proyecto. Sin embargo, no hay una receta para asegurar la coexistencia y compatibilidad de esos derechos en el contexto de cierto proyecto, incluido el derecho de la comunidad de acceder a la tierra y construir activos a largo plazo, el derecho a la propiedad de hogares individuales, el derecho de los actores locales de tener una voz respecto a las posibles transformaciones de su barrio, y el derecho de las agencias públicas de decidir sobre los activos que podrían beneficiar a la ciudad entera. ¿Cómo se deben otorgar estos derechos? ¿Cuántos metros cuadrados de espacio debe ocupar cada familia? ¿Cómo debe coordinarse el acceso a los espacios compartidos? ¿Cómo deben contribuir los residentes al mantenimiento del edificio? Dichos derechos se expresarán y sustentarán mediante los usos concretos que un proyecto facilite. Por un lado, el reconocimiento de estos derechos es un requisito *sine qua non* para establecer un proyecto de fideicomiso comunitario; por otro lado, el conjunto de usos es lo que permite que los residentes de un proyecto puedan ejercerlos y verificar su compatibilidad y responsabilidades correspondientes.

Sobre todas las cosas, reconciliarse con el espacio en un proyecto en particular es lo que permite que exista un conjunto de derechos. Las cualidades morfológicas de un lugar

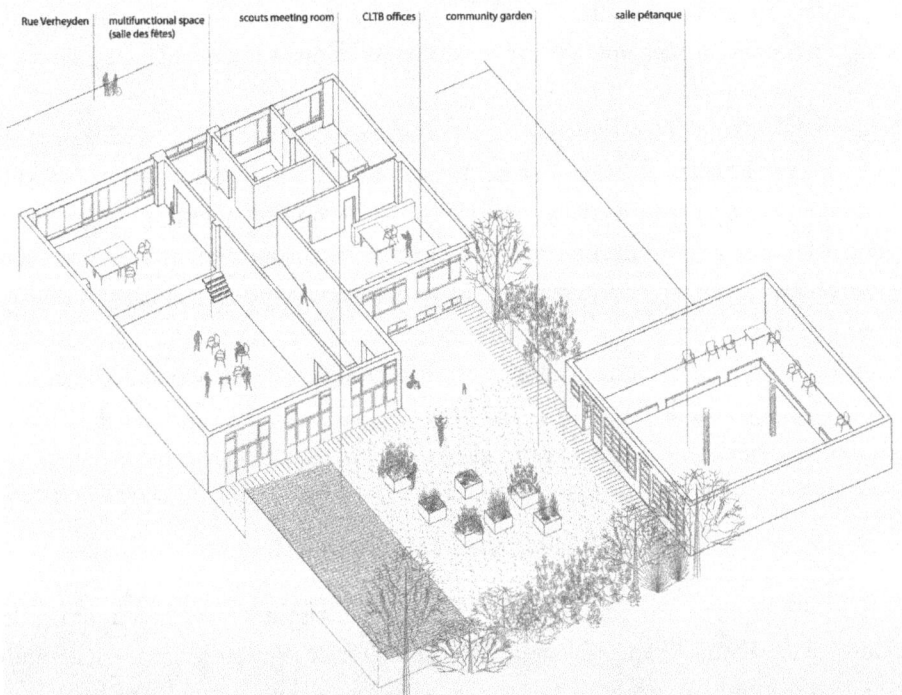

Fig. 5.1. Diagrama que representa los espacios y las actividades que se entrelazan en la planta baja del edificio 121 de la calle Verheyden durante la ocupación inicial del lugar. VERENA LENNA

y un edificio proveen la estructura y las instalaciones para usos específicos, lo que motiva a las partes interesadas y a los ocupantes a trabajar unidos no solo para poder coexistir, sino para preservar los recursos del proyecto, que es lo más importante (Lenna, 2019). Los proyectos de fideicomisos comunitarios que se están trabajando en Bruselas son buenos ejemplos. Muestran cómo el espacio puede contribuir al entretejido de personas y colectivos, y a los derechos y usos relacionados, lo que aumenta su sostenibilidad.

Le Nid ("el nido") fue uno de los primeros proyectos desarrollados por el Fideicomiso de Tierras de Bruselas. La propiedad pertenecía a la parroquia católica. Esto ayuda a explicar las características espaciales del edificio principal y del sitio como un todo (véase la Fig. 5.1). Antes de la renovación, una puerta de color verde metálico y una amplia entrada daba acceso a la planta baja por medio de una rampa grande, que llevaba directamente al *interieur d'îlot*. Al lado derecho de la entrada había un enorme *salle des fêtes*. El Fideicomiso Comunitario de Tierras de Bruselas usó este salón para organizar reuniones, asambleas y otras actividades, incluidas las de asociaciones locales, durante el largo periodo transcurrido entre la adquisición del edificio, el comienzo de la renovación y la conversión a viviendas permanentes. Al lado izquierdo de la entrada, había una cafetería que servía como espacio de oficina para el pequeño personal del fideicomiso. En la segunda y tercera planta, cada espacio estaba ocupado por inquilinos cuyos alquileres solo cubrían los costos básicos.

La rampa de la puerta principal era una conexión directa de la dimensión pública de la calle con el espacio colectivo y semioculto del jardín. En este había un *salle pétanque* y una pequeña edificación blanca, generalmente usada por grupos de escuchas locales. Había unas cuantas sillas y una pequeña mesa donde los ocupantes del edificio podían tomar el

Fig. 5.2. Jardín interior en el edificio 121 de la calle Verheyden. VERENA LENNA

sol durante su hora de almuerzo y en otros momentos. El jardín tenía tiestos y un pequeño invernadero improvisado para las actividades de jardinería que realizan los vecinos
y otros usuarios del edificio. Fuera de las horas laborables del personal del fideicomiso
comunitario, el jardín se usaba mayormente para actividades sociales, donde se reunían
residentes futuros y actuales para conocer a sus vecinos y ampliar su red de relaciones
sociales.

Esta gama de actividades fue orquestada por el personal y la junta del Fideicomiso
Comunitario de Bruselas para dar vida a una nueva organización y crear ciertas premi-
sas relacionales para que Le Nid pudiera establecerse en condiciones sostenibles. Fueron
posibles por la morfología peculiar del solar y el edificio, un factor que más adelante fue
crucial para concretar el proyecto de Le Nid. Concebido principalmente como un proyecto residencial para siete familias, Le Nid también se planificó, desde un principio, para
incluir un jardín comunitario, brindar espacios compartidos para los residentes y proveer
un edificio multiusos para los residentes y el vecindario, una vez se rehabilitara el *salle
pétanque*.

La combinación de diferentes usos es característica de Le Nid y de la mayoría de los
proyectos del Fideicomiso Comunitario de Tierras de Bruselas. Implica la participación
pragmática de otros actores locales, más allá de las familias que ocuparán las viviendas,
en la planificación, el diseño y el uso del espacio en un proyecto dado. Esta participación
es un resultado y una precondición de la estructura de gobernanza tripartita del Fideicomiso Comunitario de Tierras de Bruselas y su compromiso con la toma de decisiones
participativa. Al mismo tiempo, la combinación de funciones y la convergencia de actores
subsiguiente tienen el fin de promover la integración del proyecto y de sus habitantes al
barrio. Los resultados son dos. En un círculo virtuoso, no solo aumentaría la vitalidad
del vecindario, sino que además el proyecto del fideicomiso comunitario estaría mejor
mantenido, como resultado del interés y la participación de diferentes usuarios que contribuyen según su experiencia específica y disponibilidad.[6]

Por lo tanto, en el caso de Le Nid, se planificó el acceso a un conjunto de recursos
comunes (el jardín, el antiguo *salle pétanque*, los espacios compartidos) para algo más que
satisfacer las necesidades y los derechos de diferentes comunidades de usuarios. Tenía
un propósito adicional: ayudar a estas comunidades a cuidar sus recursos comunes y a
asumir sus responsabilidades, de modo que puedan mantener los beneficios a largo plazo
para el bien común de las generaciones presentes y futuras. Como se mencionó anteriormente, para que esto ocurra, las condiciones espaciales del proyecto son cruciales en el
esfuerzo de promover interacciones e intercambios entre las familias recién llegadas, las
personas que usan el lugar y el tejido urbano preexistente. Por lo mismo, el Fideicomiso
Comunitario de Tierras de Bruselas ha implementado un proceso participativo intenso,
centrado principalmente en los asuntos espaciales.

Habiendo diseñado la articulación del espacio en Le Nid y sus otros proyectos, el
fideicomiso tiene el fin de crear las condiciones para la coexistencia sostenible de diferentes actividades y las necesidades de los habitantes y otros usuarios. Por consiguiente, se

pueden mantener buenas condiciones de vida, en términos relacionales y de preservación de los activos construidos. Motivados por sus necesidades individuales e impulsados por el reto de administrar colectivamente lo que se convertiría en sus recursos compartidos, se ha convocado a los actores y familias locales, mediante una serie de *ateliers* y otras reuniones, a imaginar cómo se verán sus futuros hogares y cómo podría ser su vida juntos. Se les exhorta a visualizar y planificar las actividades que les gustaría organizar y que podrían mantener según sus posibilidades reales de participar. Este ejercicio lleva a la elaboración de diferentes sugerencias respecto al diseño del espacio, un *cahier des recommandations* para los arquitectos interesados en proponer un proyecto; también insta a evaluar la distribución de responsabilidades. ¿Cuál debe ser la función de los espacios comunes? ¿Qué actividades compatibles con la vida cotidiana de las familias pueden imaginarse en el antiguo *salle pétanque*? ¿Quién atenderá el jardín comunitario? ¿Cómo debe controlarse el acceso al jardín durante el fin de semana?

El espacio es importante. Las características morfológicas de un edificio o de un bloque urbano tienen una función crucial, ya sea para impedir o para facilitar que las comunidades se reúnan y colaboren. Una vez se reconocen y aceptan tanto el potencial espacial como las limitaciones de un sitio o edificio, los habitantes y usuarios se hacen conscientes de sus posibilidades reales y se ven obligados a reconsiderar sus necesidades y planes para que también se atiendan y realicen los de otras personas. De ese modo, los derechos y las necesidades individuales se cumplen como parte de un esfuerzo colectivo mayor, que trasciende el individualismo en nombre del bien común. Cuando afrontan las características reales del espacio, los habitantes y usuarios aprenden sobre sus capacidades para administrar su entorno, participar y asumir responsabilidades.[7] Formado por preferencias de diseño, el espacio determina las condiciones en que diferentes usuarios ejercerán sus derechos; el espacio determina las posibilidades de interacción y colaboración en la responsabilidad compartida de preservar ciertos recursos comunes.

LOS PROYECTOS DE FIDEICOMISOS COMUNITARIOS COMO LABORATORIOS DE GENERATIVIDAD URBANA

La lección impartida por el Fideicomiso Comunitario de Bruselas es que una propuesta inclusiva para ampliar y proteger los recursos de la tierra, establecida gracias a la colaboración de diferentes actores y habitantes (como es característico del modelo del fideicomiso comunitario), parece ser más fácil y consistente cuando un proyecto crea las condiciones espaciales para que haya cooperación. Como una esponja que permite que el agua se filtre y entre a todas las cavidades posibles, la morfología del edificio y del sitio en Le Nid permite que diferentes usuarios accedan al jardín interior, al *salle pétanque* y a las unidades de vivienda. Esta configuración espacial, que podría describirse como "porosa", puede encontrarse en muchos de los proyectos del Fideicomiso Comunitario de Bruselas, aunque con variaciones determinadas por las características de un lugar específico y por las decisiones que tomaron los futuros usuarios durante el proceso de diseño.

Las delimitaciones y aberturas, los corredores y umbrales, y los espacios compartidos permiten que diferentes comunidades gocen de sus derechos y que sus recursos estén protegidos. Se prohíben los usos inadecuados, mientras que se mantiene la actitud inclusiva del modelo del fideicomiso comunitario de tierras. La accesibilidad está regulada por elecciones de diseño y reglas concebidas colectivamente, que hacen posible el entrelazamiento de actividades privadas, colectivas y semipúblicas, lo que a su vez posibilita el otorgamiento del conjunto de derechos que los fideicomisos comunitarios reconocen y adjudican.

Los urbanistas Bernardo Secchi y Paola Viganò han usado el concepto de porosidad para describir los espacios urbanos diseñados para prestar atención a "prácticas, cambios, fracturas en el espacio, materiales urbanos y disponibilidad, posibilidades para nuevas corrientes" (Viganò, 2009). Una configuración espacial porosa, como la de Le Nid, refuerza una propuesta inclusiva y colaborativa para administrar la propiedad y los recursos espaciales a base de la adjudicación de derechos exclusiva de los fideicomisos comunitarios. Al hacer espacio para diferentes usuarios y sus necesidades, un espacio poroso, casi por definición, tiene el potencial de iniciar una experimentación socioespacial. Es un espacio de encuentro y adaptación recíproca, donde se puede poner a prueba la coexistencia de diferentes actividades y comunidades para que puedan ejercer sus derechos. Es un espacio donde, ante el reto de supervisar y custodiar ciertos recursos comunes, se combinan y complementan diferentes tipos de experiencia y aptitudes de las partes interesadas, y donde, con el tiempo, se llega a las soluciones e innovaciones necesarias.

Además, un espacio poroso es un espacio donde se puede desarrollar la receptividad hacia el entorno. Todos los proyectos de fideicomisos comunitarios tienen la misma estrategia básica en cuanto a derechos de propiedad y gobernanza, pero cada proyecto es muy específico al sitio. Es decir, cada uno tiene una combinación única de habitantes y usuarios locales con diferentes necesidades y expectativas, junto con diferentes condiciones socioespaciales en cierto contexto y momento en el tiempo. Por ende, para que los proyectos puedan concretarse y mantenerse a largo plazo, estos tendrán que concebir e implementar soluciones y formas de colaboración *ad hoc* que ofrezcan oportunidades de intercambio con el tejido urbano preexistente y tomen en cuenta el potencial y las limitaciones del espacio específico de ecología urbana que les servirá de apoyo. Los perímetros porosos de los proyectos de un fideicomiso comunitario proveen las condiciones físicas y relacionales para que futuros habitantes, usuarios, actores locales y administradores se encuentren y creen una nueva parte de la ciudad, o para que revivan el tejido urbano existente, desde sus capacidades, de modo que determinen lo que Castel y Haroche llamarían sus *stratégies de vie* (Castel y Haroche, 2001).

Al integrarse en cierta sección de la ciudad, estos proyectos tienen el potencial ineludible de transformarla. Es decir, al ser inclusivo y poroso, los proyectos de fideicomisos comunitarios no solo tienen una dimensión introvertida relacionada con los habitantes y usuarios adyacentes y directamente interesados, también tienen una dimensión extrovertida, que incluye a los vecinos y otros actores locales. Permiten que surjan soluciones específicas y formas de reciprocidad espontáneas, y que además se conviertan en el punto de partida de otras innovaciones. Otros contextos y actores se benefician más allá de los límites de los proyectos específicos que los crearon y más allá de las responsabilidades inmediatas de desarrollar y mantener un edificio residencial o bloque urbano recién construido o renovado.

El modelo del fideicomiso comunitario de tierras parece indicar que la inclusión no se trata solo de una coexistencia pasiva de usos y usuarios (que hayan conseguido acceso a un espacio o recurso). Ni tampoco se trata solamente de aceptar o integrar a los recién llegados. La inclusión se trata, antes que nada, de la posibilidad de contribuir. Se trata del inconmensurable potencial generativo de la diversidad, que combina y recombina diferentes perspectivas, experiencias y estrategias para complementar la disponibilidad y las capacidades que cada cual tiene. De estos montajes surge la hibridización de formas de conocimiento y estrategias, respuestas y recursos innovadores para atender las necesidades emergentes de las ciudades. Estos métodos son sostenibles porque los propone una diversa gama de comunidades involucradas. Desde una perspectiva de diseño, la porosidad espacial es un elemento que puede promover la generatividad urbana; después de absorber, una esponja siempre libera el líquido.

—

CONCLUSIÓN

Los fideicomisos comunitarios de tierras son conocidos por adquirir terrenos y desarrollarlos para el bien común. Sin embargo, otra función principal de estos fideicomisos (menos reconocida o resaltada) es fomentar la generatividad urbana. Una forma de propiedad y gobernanza que implica la convergencia de diversos actores y comunidades, con el propósito de crear las reglas colectivamente y compartir las responsabilidades de proyectos específicos, puede dar paso a la generatividad urbana y, por ende, engendrar un nuevo conjunto de recursos comunes y propuestas innovadoras para satisfacer las necesidades emergentes de las ciudades. Los proyectos desarrollados por el fideicomiso de Bruselas demuestran que el sistema inclusivo de toma de decisiones no es lo único que fomenta dicha función. Las configuraciones espaciales porosas propulsan la interrelación y cooperación espontáneas de individuos y colectivos, particularmente cuando los recursos se usan y gobiernan de forma colectiva.

Los fideicomisos comunitarios integran formas inclusivas de gobernanza y derechos de propiedad a una red socioespacial que es cada vez más exclusiva. Al funcionar como laboratorios urbanos, por medio de sus delimitaciones porosas, los fideicomisos comunitarios de tierras realizan experimentos en gobernanza, nuevas formas de reciprocidades y colaboración, y en innovaciones y acuerdos institucionales con el potencial de atender diversos asuntos y beneficiar a la ciudad como un todo. Mediante su *modus operandi*, estos proyectos indican que, sin la inclusión, no puede existir la generatividad urbana como una fuente de riqueza común de las ciudades.

Notas

1. "Los espacios públicos de propiedad privada (POPS, por sus siglas en inglés) son espacios dedicados al uso y disfrute público, cuyos dueños son individuos privados que mantienen estos espacios a cambio de más superficie o exenciones". Fuente: *https://www1.nyc.gov/site/planning/plans/pops/pops.page.*

2. Informado por algunos actores locales que entrevisté sobre la situación en la Región de Bruselas-Capital. Lo mismo está ocurriendo en muchas otras ciudades de Europa, Gran Bretaña y Norteamérica, donde, en lugar de renovar edificios residenciales (y comerciales) y hacerlos accesibles a los residentes y comunidades locales, ciertos inversionistas extranjeros están usándolos para "almacenar riquezas". Véase, por ejemplo: *https://inequality.org/wp-content/uploads/2018/09/Towering-Excess-Report-Final.pdf.*

3. Pueden encontrarse ejemplos en ciudades como Barcelona, Gante, Lille y en muchas otras ciudades italianas, donde se ha establecido cierto protocolo para ayudar a los Gobiernos locales a desarrollar políticas orientadas al procomún en la administración de recursos compartidos (*https://www.labsus.org/*). No obstante, algunos académicos se han cuestionado la contribución real que puede hacer un panorama urbano fragmentado por mil alternativas a la creación de un escenario democrático, con el riesgo de perder de vista la necesidad de hacer más esfuerzos estructurales (Armony, 2004; Bianchetti, 2016).

4. Según Steinbock (1995): "Para Husserl, la generatividad es tanto el proceso de formación, por ende el proceso de 'generación', como el proceso que ocurre a lo largo de las 'generaciones'; es decir, específicamente el proceso de movimientos históricos y sociales".

5. El "conjunto de derechos" es una metáfora para explicar la coexistencia de diferentes derechos y responsabilidades sobre el uso, el acceso y la propiedad temporal o permanente de bienes raíces. Particularmente en los países de derecho consuetudinario, se usa para describir la propiedad de bienes como una serie de diferentes derechos.

6. Al comienzo de un proyecto, el Fideicomiso Comunitario de Tierras de Bruselas tiene la responsabilidad principal de orientar a los habitantes y usuarios futuros sobre cómo mantener el proyecto. Sin embargo, con el tiempo, los habitantes deben asumir cada vez más responsabilidad por su proyecto, y converger en torno a la obligación de gobernar y administrar el espacio común donde viven. La función de custodio del fideicomiso abarca proveer esta orientación y educación, así como la responsabilidad directa de supervisar sus proyectos.

7. Todo el proceso participativo, aun cuando no está centrado en asuntos espaciales, ofrece la oportunidad de que los habitantes y próximos usuarios del proyecto expresen sus

necesidades y deseos respecto a su futuro hogar. Sin embargo, los problemas y las elecciones espaciales tienen el poder de guiar la imaginación hacia posibles escenarios de la cotidianidad.

Referencias

AnArchitektur. 2010. "On the Commons: A Public Interview with Massimo De Angelis and Stavros Stavrides." *E-Flux Journal,* núm. 17.

Armony, Ariel. 2004. *The Dubious Link. Civic Engagement and Democratisation.* Stanford: Stanford University Press.

Bianchetti, Cristina. 2016. *Spazi Che Contano. Il Progetto Urbanistico in Epoca Neo-Liberale.* Roma: Donzelli.

Blakely, Edward J. y Mary Gail Snyder. 1997. *Fortress America: Gated Communities in the United States.* Cambridge, Massachusetts: Lincoln Institute of Land Policy.

Castel, Robert y Claudine Haroche. 2001. *Propriété Privée, Propriété Sociale, Propriété de Soi: Entretiens Sur La Construction de l'individu Moderne.* París: Fayard.

Proyectos Ferguson, Francesca y Urban Drift. 2014. *Make Shift City. Renegotiating the Urban Commons.* Berlín: Jovis.

Hardt, Michael y Antonio Negri. 2009. *Common Wealth.* Cambridge, Massachusetts: The Belknap Press of Harvard University Press.

Lenna, Verena. 2019. "The Project of Property as Emancipation: A Community Land Trust in Brussels." Tesis doctoral. Università IUAV di Venezia and Katholieke Universiteit Leuven.

Low, Setha. 2001. "The Edge and the Center: Gated Communities and the Discourse of Urban Fear." *American Anthropologist* 103 (1).

Marella, Maria Rosaria, ed. 2012. *Oltre Il Pubblico e Il Privato. Per Un Diritto Dei Beni Comuni.* Verona: Ombre Corte.

Salzano, Edoardo. 2009. La Città Come Bene Comune. Bologna: Ogni Uomo è Tutti Gli Uomini.

Sassen, Saskia. 2014. Expulsions. Brutality and Complexity in the Global Economy. Cambridge, Massachusetts: The Belknap Press of Harvard University Press.

———. 2015. "Who Owns Our Cities — and Why This Urban Takeover Should Concern Us All." *The Guardian,* 2015. *https://www.theguardian.com/cities/2015/nov/24/who-owns-our-cities-and-why-this-urban-takeover-should-concern-us-all.*

Schmidt, Stephan, Jeremy Nemeth y Erik Botsford. 2011. "The Evolution of Privately Owned Public Spaces in New York City." *Urban Design International,* 270–84.

Soja, Edward W. 2000. Postmetropolis: Critical Studies of Cities and Regions. Nueva York: Wiley.

Stavrides, Stavros. 2016. *The City as a Commons.* Londres: Zed Books.

Steinbock, Anthony J. 1995. *Home and Beyond: Generative Phenomenology after Husserl.* Evanston, Illinois: Northwestern University Press.

Viganò, Paola. 2009. "The Metropolis of the Twenty-First Century: The Project of a Porous City." *Oase* 80 (On territories).

6.

En la unión está la fuerza

La laboriosa y transformadora complejidad de combinar la comunidad, la tierra y la fiducia

John Emmeus Davis

Los fideicomisos comunitarios de tierras no son simples en absoluto. Son estructuras complicadas con muchos elementos en movimiento que deben funcionar de manera concertada para implementarlos eficazmente en el desarrollo, dirigido por la comunidad, de vivienda permanentemente asequible. Su complejidad aumenta por el hecho de que no todos son iguales. El modelo se rediseña continuamente, lo que produce diversas variaciones organizativas y operativas.[1] Dichos ajustes han sido cruciales para la proliferación de estos fideicomisos, pues han ayudado a adaptarlo a una amplia gama de condiciones locales en una docena de países, y a conseguir su aceptación en poblaciones con diversos intereses sociales, políticos y económicos.

Sin embargo, la complejidad organizativa y operativa de los fideicomisos comunitarios de tierras no se trata llanamente de la multiplicidad y mutabilidad de sus elementos constitutivos. La dificultad mayor de dominar el modelo y perfeccionarlo radica en comprender que el todo es mayor que la suma de sus partes. Lo que más aporta al funcionamiento de un fideicomiso comunitario es la combinación de tres elementos: la comunidad, la tierra y la fiducia. La interacción dinámica de estos tres componentes principales permite que una organización se convierta en un fideicomiso comunitario de tierras y se comporte como tal.

Nunca ha sido fácil explicar dicha complejidad a las personas que escuchan sobre estos fideicomisos por primera vez. La técnica más común empleada por instructores, como este servidor, ha sido visualizar el fideicomiso comunitario de tierras como un diagrama de Venn, en el cual los componentes principales del modelo y las prioridades esenciales se representan como tres círculos que se intersecan. La "comunidad" se describe en términos del método distintivo de estos fideicomisos, que incluye a las personas que residen en el área de servicio en los trabajos de dirección y gobernanza de la organización. La "tierra" se describe en términos del enfoque peculiar de la organización para retener terrenos permanentemente: una superficie dispersa en toda el área de servicio del

LA COMUNIDAD
(La organizacíon)

LA TIERRA
(La propiedad)

LA FIDUCIA
(La operación)

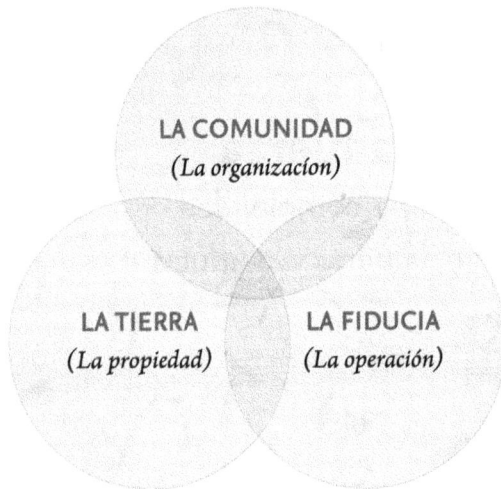

Fig. 6.1. Diagrama de Venn como representación del modelo "clásico" del fideicomiso comunitario de tierras.

fideicomiso que se traspasa a los dueños de edificios residenciales o comerciales mediante arrendamientos del terreno a largo plazo. El concepto de "fiducia" se califica en términos del modelo característico de los fideicomisos comunitarios de tierras respecto al cuidado a largo plazo de los terrenos y edificios que les han encomendado; una prioridad operativa manifestada en los programas de la mayoría de estos fideicomisos mediante políticas y procedimientos diseñados para preservar la asequibilidad, calidad y seguridad de viviendas privadas que cuentan con una gran cantidad de subsidios.

La ventaja de este esquema de tres anillos es su sencillez. Permite que un modelo complicado pueda entenderse cabalmente con facilidad y, luego, concentrar la atención hacia cada componente; exhorta a que se examinen minuciosamente las características clave y las variaciones comunes que constituyen el tratamiento atípico de la organización, la propiedad y la operación. Pero la sencillez también puede tener consecuencias imprevistas y negativas. De hecho, sospecho que la imagen que usamos para ilustrar y explicar lo que se conoce ampliamente en los Estados Unidos como el modelo "clásico" del fideicomiso comunitario de tierras puede ser inadecuado en el mejor de los casos y perjudicial en el peor de los escenarios. Eclipsa demasiadas interacciones complejas que fortalecen el modelo y, a menudo, pasa por alto el potencial transformador de dicha complejidad, pues un fideicomiso de esta índole se ocupa de la virtuosa industria de reconstruir una zona residencial mediante la reestructuración de los pilares paralelos de propiedad y poder.

La simplificación es un problema que afecta tanto la pedagogía como la praxis. La forma en que se representa un fideicomiso comunitario de tierras repercute en cómo se implementa. Nuestros intentos para lidiar con el confuso modelo minimizándolo a tres círculos ordenados en un diagrama estático implican que, con frecuencia, pasamos la mayor parte del tiempo investigando el contenido de cada círculo sin establecer la relación entre estos. Cuando eso ocurre, cuando las interacciones entre los componentes del modelo pasan desapercibidas, implicamos inadvertidamente que cualquiera de ellos puede eliminarse sin afectar la totalidad del modelo. Al fin y al cabo, si la organización, la propiedad y la operación pueden evaluarse por separado, entonces podrían implementarse por separado o incluso descartarse. O así parece.

Y ocurre con una alarmante frecuencia en la práctica diaria. Por ejemplo, un Gobierno municipal o una organización no gubernamental (ONG) podría respaldar el compromiso

operativo que tienen los fideicomisos comunitarios con mantener la asequibilidad duradera de viviendas privadas subsidiadas por el Gobierno, a la vez que considera los arrendamientos del terreno como la estrategia más eficaz para la implementación y el manejo
de un régimen de custodia. No obstante, la inclusión de los residentes de los barrios en
la planificación de los proyectos y en el diseño de las políticas de un fideicomiso comunitario de tierras, así como su participación en la gobernanza de este, se considera como
un estorbo que implica dificultades y consume tiempo. Por lo tanto, este componente
problemático se elimina desde el principio o se diluye sobre la marcha.

Otro ejemplo: En términos organizativos y operativos, una ONG podría comportarse
como un fideicomiso comunitario de tierras. Es decir, involucraría a los residentes locales
en la dirección y gobernanza de sus actividades, y ofrecería, simultáneamente, un com-
plemento cabal de servicios administrativos. Pero los líderes de la organización o quienes
la apoyan económicamente optan por prescindir de la propiedad comunitaria de la tierra
subyacente. Se considera que el desarrollo y financiamiento de viviendas asequibles es
muy dificultoso, por lo que se desestima el compromiso fundamental del fideicomiso
comunitario de adquirir la tierra en nombre de una comunidad establecida para nunca
venderla.[2]

La propensión de excluir componentes no puede adjudicársele únicamente al sim-
bolismo usado con frecuencia para explicar los fideicomisos comunitarios de tierras. En
otras palabras, si los expertos y financiadores que profesan su apoyo a dichos fideicomisos
se hacen de la vista larga ante el hecho de eliminar uno o dos de los componentes principales del modelo por conveniencia, y, como resultado, cortan las ramas que han definido
históricamente a estos fideicomisos, cabe evaluar si la forma en que se describe el modelo
es parcialmente responsable por esta licencia para hacer recortes.

Quizás sea tiempo de buscar una imagen diferente para ilustrar el fideicomiso comunitario de tierras. De ser así, una opción podría ser sustituir el diagrama estático del Sr.
Venn por los móviles dinámicos del Sr. Calder. Últimamente, me he preguntado si sería
útil representar el fideicomiso comunitario de tierras como algo similar a una de las crea-
ciones cinéticas de Alexander Calder: un artefacto suspendido, equilibrado con gran precisión para que gire libremente en la brisa mientras permanece estable en su sitio. La
comunidad constituiría una de las piezas transversales de la que colgaría una diversidad de
configuraciones organizativas. La *tierra* sería la segunda pieza y equilibraría varios intereses de la propiedad. El *fideicomiso* sería la tercera pieza: un puntal operativo al cual se le
han fijado deberes multicolores de administración, cada uno adornado con sus propios
pesos y contrapesos.

Lo mejor de esta imagen lúdica de un fideicomiso comunitario representado como
un móvil es que advierte sobre la eliminación imprudente de cualquiera de sus componentes, pues tal acción lo haría colapsar. También muestra como ordinarias las tensiones
del mundo real intrínsecas del desarrollo comunitario. El arte inherente a la construcción
de un móvil, así como el arte inherente a la construcción, el diseño y el manejo de un

fideicomiso comunitario de tierras radica en crear una virtud a raíz de la necesidad. En lugar de aparentar que los intereses no están compitiendo entre sí (y a veces confligiendo), las tensiones existentes entre varios grupos que comparten el mismo territorio se convierten en materia prima para un esfuerzo creativo, cuyo mayor desafío y logro es dominar el equilibrio.[3]

En una ocasión, Saul Steinberg, amigo de Alexander Caulder, dijo sobre su amigo: "es un tipo de estadounidense particular: el experimentador tenaz. En él vimos el rostro de un hombre que siempre está trabajando en una máquina de movimiento perpetuo, que luego envía a la oficina de patentes".[4] Reflejados en la imagen de un fideicomiso comunitarios de tierras como un móvil, reconocemos los rostros de expertos ingeniosos involucrados en un proyecto similar. Todos son experimentadores tenaces, aun si la mayoría no son estadounidenses, pues el modelo se ha extendido a otros países. Son realistas artísticos que aceptan el reto de encontrar el punto de apoyo práctico en todos los elementos del diseño de un fideicomiso comunitario de tierras. Con sus esfuerzos, las serias preocupaciones sobre la "comunidad", la "tierra" y la "fiducia" se adaptan a las condiciones ventosas de sus comunidades y se mantienen estables en fuerte equilibrio.

Este acto de equilibrio no ocurre de la nada. El fideicomiso comunitario de tierras es un elegante modelo de desarrollo comunitario que muestra un extraordinario grado de adaptabilidad y resistencia en una amplia gama de condiciones, pero depende de personas talentosas que lo establezcan y mantengan en alto. La gestión es tan importante como la estructura en el diseño y mantenimiento de esta máquina en perpetuo movimiento. Hay artistas tras el arte.

Aunque soy partidario de usar esta metáfora para describir cómo se construye y comporta un fideicomiso comunitario de tierras, todavía no estoy listo para dejar a un lado el diagrama de tres anillos que se ha usado en adiestramientos durante mucho tiempo para representar su modelo "clásico". Si bien este diagrama familiar ha dificultado aún más la apreciación de la complejidad minuciosamente equilibrada del modelo como un todo, también es cierto que ha facilitado el desmantelamiento del modelo al punto de hacerlo irreconocible. Pero la culpa recae más sobre nosotros que sobre el Sr. Venn. En lugar de sustituir una metáfora por otra, una medida más razonable sería hacer un mejor uso de los símbolos que tenemos disponibles.

No es un error imaginar el fideicomiso comunitario de tierras como un trío de círculos entrelazados ni nos equivocamos al tomarnos el tiempo necesario para comprender, separada y profundamente, el funcionamiento interno de los componentes principales del modelo. Pienso que sí nos equivocamos al dedicar tan poca atención a los espacios donde los círculos se superponen. Como resultado, tendemos a pasar por alto la interacción dinámica de la organización, la propiedad y la operación, así como el delicado equilibrio que debe imperar entre estos factores para que un fideicomiso comunitario prospere.

Rara vez se discuten y estudian estas interacciones. Por lo tanto, no se entienden bien. Esta falta de interés es un gran desacierto porque las sinergias producidas por dichas interacciones permiten que los fideicomisos comunitarios funcionen a su potencial máximo. La forma innovadora de tenencia en el contexto de estos fideicomisos es lo que permite que su organización y operación sean más eficaces. La tenencia y operación de la propiedad son más eficaces gracias a la forma innovadora en que se organizan dichos fideicomisos. La tenencia y la organización se vuelven más eficaces por la forma innovadora en que se operan las tierras y edificios. Más que la reinvención de cada componente del modelo, es la combinación de estos lo que ofrece vitalidad, adaptabilidad y potencia a los fideicomisos comunitarios de tierras.

¿Por qué tomarse la molestia de identificar estas interacciones? ¿Qué ventajas obtendrían los investigadores y expertos de una comprensión más profunda de las relaciones reforzadas mutuamente entre los componentes principales de un fideicomiso comunitario de tierras? En mi opinión, tendrían nuevas herramientas para apoyar su planteamiento. Tendrían argumentos más convincentes a su alcance para mantener la integridad del fideicomiso comunitario, lo que podría reforzar su determinación para resistir el desmembramiento o la implementación fragmentada del modelo. También tendrían disponible una medida más rigurosa para evaluar el desempeño del modelo, que evaluará cuándo un fideicomiso comunitario de tierras está funcionando bien y cuándo no, y además les proveerá una balanza bien calibrada para sopesar si alguna modificación propuesta a alguno de los componentes principales del modelo preservaría (o alteraría) el equilibrio del que dependen estos fideicomisos.

Hay observaciones adicionales que considerar sobre este acto de equilibrio. Según se indicó anteriormente, el ingenio particular de los expertos encargados de implementar este inusual modelo de tenencia es su talento para gestionar intereses basados en bienes, que a menudo compiten y otras veces confligen. Los expertos en el campo no desean que estas tensiones engorrosas desaparezcan ni tampoco consideran su persistencia como una señal de fracaso. Las transforman para que estén en justa sincronía y en equilibrio sostenible. En la estructura de propiedad bipartita de los fideicomisos comunitarios de tierras, el arrendamiento del terreno está diseñado para equilibrar los intereses opuestos del terrateniente sin fines de lucro, y los de los dueños de cualquier edificio ubicado en los terrenos de la organización sin fines de lucro. En la estructura organizativa del fideicomiso, la membresía de dos partes y la junta tripartita están diseñadas para equilibrar los intereses opuestos de las personas que viven en las tierras de la organización sin fines de lucro y de los vecinos que viven a su alrededor. En la estructura operativa del modelo, el régimen de administración del fideicomiso comunitario se diseña con el fin de equilibrar las prioridades divergentes de permitir que las familias de bajos ingresos puedan ser propietarios de vivienda y crear riqueza en el presente, vis a vis preservar esta misma oportunidad para familias de bajos ingresos en el futuro.

Estos difíciles y abrumadores actos de equilibrio se observan a diario en el circo de tres anillos de un fideicomiso comunitario de tierras. Captan nuestra atención y reciben nuestros aplausos. Pero, a menudo, pasamos por alto otros actos temerarios de equilibrio hechos con aplomo discreto donde los anillos se superponen. También aquí, los expertos deben equilibrar hábilmente las inquietudes y los intereses opuestos.

Por ejemplo, hay una tensión inherente entre las funciones del fideicomiso como desarrollador y el fideicomiso como organizador. Es poco probable que un fideicomiso comunitario que se inclina demasiado hacia el rol de organizador y no prioriza el establecimiento de una base de apoyo en su área de servicio consiga la influencia política necesaria para competir por terrenos y dinero del Gobierno local. Es improbable que tenga la legitimidad y la lealtad que le permiten a una organización, como un fideicomiso comunitario de tierras, superar la oposición a sus proyectos por el fenómeno de "en mi barrio no" y ganar el apoyo local a su forma inusual de tenencia. Por el contrario, un fideicomiso que se inclina demasiado en la otra dirección y le atribuye demasiada importancia a todas las objeciones de una minoría vocal en su área de servicio o entre sus propios miembros, tiene probabilidades de tropezarse en su esfuerzo de adquirir tierras, reunir capital y desarrollar viviendas asequibles. Es decir, todos los fideicomisos comunitarios de tierras tienen la obligación de encontrar un punto de equilibrio entre desarrollar una cartera sustancial y cultivar una circunscripción comprometida, para así mantener un delicado balance entre la propiedad y la organización.

Otro ejemplo: Un fideicomiso comunitario que impone una mano dura en el cumplimiento de sus deberes operacionales de administración puede menoscabar paulatinamente el "matrimonio por conveniencia" que debe mantenerse con las personas y las organizaciones que usan las tierras del fideicomiso. Un desequilibrio en esta relación fundamental puede aumentar los costos de la organización, y, por ende, requerir intervenciones constantes de parte del fideicomiso para garantizar que los hogares ubicados en sus tierras sigan siendo asequibles, que los edificios se mantengan en buen estado y que se paguen las hipotecas. En cambio, un fideicomiso comunitario de tierras que opera con muy poca supervisión corre el riesgo de incumplir su compromiso de preservar la asequibilidad, el mantenimiento y la seguridad de las viviendas y otros edificios que se les han encargado. Hay un delicado equilibrio entre operación y organización.

Estas hazañas de equilibrio siempre representarán un reto, pero las probabilidades de éxito mejoran en gran medida cuando los expertos aprecian más profundamente las múltiples interacciones de los componentes principales de un fideicomiso comunitario de tierras. Podemos notar cierta ironía en este asunto. Al mismo tiempo que a los expertos se les presenta una justificación más fuerte para mantener la integridad del modelo clásico, se les da una libertad más amplia para modificar ese modelo según sea necesario. Pueden sopesar con mayor precisión cualquier ajuste propuesto y mantenerse vigilantes para asegurar que los cambios bien intencionados hechos al funcionamiento interno de la organización, la propiedad o la operación no desestabilicen su estructura minuciosamente diseñada. Los expertos que llegan a reconocer la complejidad interactiva del modelo descubren que su licencia para hacer recortes ha sido revocada, pero su libertad para improvisar se ha ampliado.

Una apreciación más profunda del poder de la complejidad también pone a los expertos en la mejor posición para inclinar la trayectoria del desarrollo local hacia la justicia. Eso no significa que los programas o las políticas que no acepten el paquete completo del modelo clásico no tengan mérito alguno. Por sí sola, la propiedad comunitaria de la tierra provee una plataforma que protege el acceso a bienes, servicios y hogares para residentes de bajos ingresos, quienes, de otro modo, podrían ser desplazados o excluidos de un vecindario. Por sí solo, el compromiso de una organización de dar a los residentes una voz en la dirección del desarrollo de su sitio y una función en la administración de la organización encargada del desarrollo son mejoras notables en comparación con los métodos verticales de revitalización de barrios. Por sí solo, un compromiso operativo con la asequibilidad duradera de la vivienda, garantizado mediante un régimen de administración vigilante, es una gran mejoría en cuanto a las políticas y los programas que permiten que desaparezcan las casas a precios asequibles, producidas mediante fondos públicos o donaciones privadas. Toda reinvención de la organización, la propiedad y la operación es valiosa, pues ayuda a hacer el desarrollo de un lugar más equitativo a corto plazo y más sostenible a largo plazo. Pero es mejor tener dos componentes que solo uno. Y tener tres es mejor aún. El potencial transformador de un fideicomiso comunitario es mayor cuando todas las partes de esta compleja composición están presentes y funcionan en armonía con las demás.[5]

Asumiendo el riesgo de usar demasiadas metáforas, quisiera terminar con una historia que data de antes de mi participación en el campo de los fideicomisos comunitarios de tierras. Hace casi cincuenta años, pasé varios veranos en los montes del sur de los Apalaches organizando la comunidad como miembro de un proyecto llamado Student Health Coalition [Coalición de Salud Estudiantil].[6] Uno de mis compañeros, quien anhelaba con entusiasmo sumergirse en la cultura apalache, logró convencer a un minero jubilado de que le impartiera lecciones semanales de violín folklórico. Mi amigo aprendió con rapidez cómo dominar la digitación del instrumento porque ya sabía tocar la guitarra. Sin embargo, tuvo dificultades para sacarle música al violín por su torpeza al tocar las cuerdas con el arco. Exasperado por el pobre progreso de su estudiante, el violinista canoso interrumpía sus sesiones una y otra vez con la misma amonestación: "Charles: cualquier tonto puede descifrar dónde poner los dedos. La música está en el arco, muchacho; la música está en el arco".

Ante el reto de enseñar a las personas a tocar un instrumento tan exigente como el fideicomiso comunitario de tierras, recuerdo con frecuencia el consejo del viejo violinista. Ya sea al presentar el modelo ante un público nuevo o al llevarlo a un nuevo lugar, las primeras lecciones siempre deben centrarse en dominar la digitación dentro de las esferas separadas de propiedad, organización y operación. Un principiante debe tener una noción básica de cada componente antes de abordar ejercicios más difíciles. Pero eso nunca será suficiente para lograr la melodía cautivante de un fideicomiso comunitario de tierras. Cualquier tonto puede descifrar dónde poner los dedos y deslizarlos a lo largo de las tensas cuerdas de organización, propiedad y operación. El dominio del modelo ocurre solamente cuando los componentes se combinan. Es aquí, entre las complejas armonías de la *comunidad*, la *tierra* y la *fiducia*, que es más probable escuchar una canción de transformación en los lugares que las personas llaman vivienda. La música está en los espacios, damas y caballeros; la música está en los espacios.

Notas

1. Estas variaciones se extienden a la forma en que se caracteriza el propio fideicomiso comunitario de tierras. Muchos expertos usan términos como "estrategia", "mecanismo", "vehículo" o "plataforma" para describirlo. He hecho lo mismo, pues en ocasiones he usado estos términos y "modelo" indistintamente. Mi uso de esta última palabra no significa que la defienda como la más adecuada. Es meramente parte de seguir la costumbre que comenzó en 1972 con el primer libro sobre los fideicomisos comunitarios de tierras, en el que se denominó a este tipo de organización como "un nuevo modelo para la tenencia de la tierra en Estados Unidos".

2. Esta no es la primera vez que he lamentado (y ridiculizado) la predisposición a descartar este componente del modelo clásico del fideicomiso comunitario cada vez que los financiadores, banqueros o expertos consideran que es "muy difícil" que la comunidad tenga el control de la tierra y los arrendamientos del terreno a largo plazo. Véase, por ejemplo: "Ground Leasing Without Tears", *Shelterforce Weekly*, 29 de enero de 2014. Disponible en: *https://shelterforce.org/2014/01/29/ground_leasing_without_tears/*.

3. Uno de los primeros intentos de desarrollar una teoría de formación e interacción de estos "grupos interesados en la propiedad" puede encontrarse en la publicación de J.E. Davis titulada *Contested Ground: Collective Action and the Urban Neighborhood* (Ithaca, NY: Cornell University Press, 1991).

4. Adam Gopnik, "Wired: What Alexander Calder Set in Motion." *The New Yorker* (4 de diciembre de 2017: 73–77).

5. Se puede encontrar un argumento más detallado sobre el potencial transformador del modelo clásico del fideicomiso comunitario de tierras en otra publicación de J.E. Davis titulada "Common Ground: Community-Owned Land as a Platform for Equitable and

Sustainable Development." *University of San Francisco Law Review* 51 (1), 2017. Las críticas reflexivas de este argumento, que abordan el asunto de si los modelos de propiedad no comercializados son, de hecho, "políticamente transformadores", aparecen en James DeFilippis, *Unmaking Goliath: Community Control in the Face of Global Capital* (Routledge, 2004) y en su más reciente ensayo "On the Transformative Potential of Community Land Trusts in the United States", producto de una colaboración con Olivia R. Williams, Joseph Pierce, Deborah G. Martin, Rich Kruger y Azadeh Hadizadeh Esfahani. *Antipode* (12 de febrero de 2019).

Un archivo en línea de materiales sobre la Coalición de Salud Estudiantil de los Apalaches es parte de la Colección Histórica del Sur en la Universidad de Carolina del Norte (*www.coalition.web.unc.edu*).

SOBRE LOS COLABORADORES

LINE ALGOED se desempeña como investigadora doctoral en Cosmopolis, el Centro de Investigación Urbana de la Universidad Libre de Bruselas, y como investigadora asociada en el Instituto Internacional de Estudios Sociales de La Haya. Trabaja con el Fideicomiso de la Tierra del Caño Martín Peña en intercambios internacionales entre comunidades que luchan por sus derechos sobre la tierra. Es codirectora del Centro para la Innovación de Fideicomisos Comunitarios. Anteriormente, Line fue gerente del programa de Premios Mundiales del Hábitat de la Building and Social Housing Foundation (ahora World Habitat). Tiene una maestría en Antropología Cultural de la Universidad de Leiden y una maestría en Sociología de la London School of Economics.

YVES CABANNES (y.cabannes@ucl.ac.uk) es especialista, activista e investigador urbano. Durante los pasados cuarenta años, ha participado en la investigación y el desarrollo de temas urbanos, iniciativas dirigidas por las comunidades y la democracia local con las ONG y los Gobiernos locales en Asia, América Latina, África y el Oriente Medio. Desde principios de la década de 1990, Yves ha respaldado, investigado, defendido y educado sobre la planificación y presupuestación participativas, la agricultura urbana, los fideicomisos comunitarios de tierras y el derecho a la vivienda en diferentes regiones del mundo. También ha publicado ampliamente sobre estos temas. En 2015, asumió el puesto de profesor emérito de Planificación de Desarrollo en la Unidad de Planificación de Desarrollo del University College de Londres.

EL DR. JOHN EMMEUS DAVIS es socio fundador de Burlington Associates in Community Development, una cooperativa de consultoría nacional. Fue director de vivienda en Burlington, Vermont bajo el mandato de los alcaldes Bernie Sanders y Peter Clavelle. Los fideicomisos comunitarios de tierras han sido parte importante de su práctica profesional y de sus publicaciones académicas durante casi cuarenta años. Entre estas se encuentran *Contested Ground* (1991), *The Affordable City* (1994), *The City-CLT Partnership* (2008), *The Community Land Trust Reader* (2010) y *Manuel d'antispéculation immobilière* (2014). También coprodujo la película *Arc of Justice* y es codirector del Center for CLT Innovation (*https://cltweb.org*). Tiene una maestría en Ciencias y un doctorado de Cornell University.

La Lcda. María E. Hernández Torrales tiene una maestría en Derecho Ambiental de la Escuela de Derecho de Vermont y una maestría en Educación Empresarial de la Universidad de Nueva York. Estudió su bachillerato y grado de Juris Doctor en la Universidad de Puerto Rico. Desde 2005, Hernández Torrales ha hecho trabajo legal pro bono para el Proyecto ENLACE y para el Fideicomiso de la Tierra del Caño Martín Peña. Y desde 2008, ha trabajado como abogada y profesora clínica de la Escuela de Derecho de la Universidad de Puerto Rico, donde enseña la Clínica de Desarrollo Económico Comunitario.

David Ireland es director ejecutivo de World Habitat, una organización benéfica de vivienda internacional con sede en el Reino Unido, que ayuda a ampliar las soluciones a los problemas de vivienda del mundo, desde mejoras a los arrabales hasta vivienda posdesastre y ayuda a personas sin hogar. Su organización también gestiona los premios World Habitat en alianza con UNHabitat y ofrece programas dirigidos a resolver el problema de personas sin hogar y aumentar la vivienda dirigida por la comunidad. David es fiduciario de la organización social Action Homeless y anteriormente fue director ejecutivo de la agencia Empty Homes, donde convenció a Gobiernos sucesivos del Reino Unido a aprobar leyes y financiar programas que permiten utilizar viviendas vacías. Recibió la Orden del Imperio Británico (OBE) en 2013 por su servicio en asuntos de vivienda.

Steve King es director ejecutivo del Fideicomiso Comunitario de Tierras de Oakland en California (*https://oakclt.org*). Durante los pasados quince años, ha trabajado para organizaciones comunitarias en las áreas de desarrollo equitativo, vivienda asequible e investigaciones sociales aplicadas. Steve se desempeñó anteriormente como coordinador de vivienda y desarrollo económico en el Urban Strategies Council [Consejo de Estrategias Urbanas], también con sede en Oakland. Cuenta con una maestría en Planificación Urbana de la Universidad de Columbia y un bachillerato en Ciencias Ambientales de la Universidad de Boston.

La Dra. Verena Lenna es arquitecta y urbanista (doctorado de IUAV y KU Leuven). En sus trabajos e investigaciones, explora la relación entre la emancipación y el entorno comunitario. Ya sean basados en el diseño o no, sus proyectos y colaboraciones son principalmente orientados a la acción comunitaria. Se ha centrado en temas relacionados con las condiciones laborales, las artes y la cultura. En tiempos más recientes, ha trabajado con la propiedad explorando la función del proceso de diseño en la ejecución de los proyectos del Fideicomiso Comunitario de Tierras de Bruselas. Es cofundadora e integrante de Commons Josaphat, un colectivo creado para transformar una zona de veinticuatro hectáreas en Bruselas para el bien común.

JERRY MALDONADO es el director del Programa de Ciudades y Estados de la Fundación Ford. Se unió a Ford luego de los huracanes Katrina y Rita, y supervisó la Iniciativa de Transformación de la Costa del Golfo liderada por la fundación. Durante la última década, ha desarrollo y administrado varias de las iniciativas nacionales, regionales y estatales de la fundación para obtener subvenciones, y ha trabajado en la intersección del desarrollado equitativo y el compromiso cívico. Previo a esto, Jerry trabajó con la fundación Rockefeller Brothers Fund, la organización Carnegie Council on Ethics and International Affairs, y con el Servicio de Enlace a las Organizaciones no Gubernamentales de las Naciones Unidas. Tiene una maestría de Columbia University y un bachillerato de Brown University.

PHILIP ROSS (rosspe97@gmail.com) es el antiguo alcalde de la Ciudad Jardín de Letchworth y el director actual de la New Garden Cities Alliance, una organización que defiende los objetivos sociales del movimiento de las ciudades jardín. Es conferenciante internacional sobre dicho movimiento y escribió el libro *21st Century Garden Cities of ToMorrow—A Manifesto* en colaboración con Yves Cabannes. Aún vive en Letchworth, está casado y tiene tres hijos. Trabaja por cuenta propia como analista de negocios.

www.ingramcontent.com/pod-product-compliance
Lightning Source LLC
Chambersburg PA
CBHW080559030426
42336CB00019B/3252